Beautiful Life

Beautiful Life

いい緊張は能力を2倍にする

適度緊張 能力倍出

「緊張」不是阻力，而是助力！
善用恰到好處的緊張，從此人生超常發揮

精神科醫師．作家 **樺澤紫苑**——著

魏秀容——譯

前言

八十二%的人都容易緊張

「在眾人面前發表時，腦筋一片空白，說話語無倫次，前言不搭後語。」
「考試時過度緊張，以致無法發揮真正的實力。」
「與人單獨相處時，一緊張就什麼話都說不出口。」
「太容易緊張，得想辦法改善才行。」
「如果可以掌控容易緊張的情緒，人生一定會更加不一樣。」

你是否曾有過上述這些想法呢？

「容易緊張的人」我相信非常多。

有份以日本全國二十歲以上男女，共計一千五百七十九人為對象所展開的，關於緊張的問卷調查（表一）。

當受訪者被問到「你是容易緊張的類型嗎？」，回答「非常容易緊張」的人占了四十一％；回答「偏向容易緊張」的人同樣也占了四十一％。從結果來看，竟有高達八十二％的人認為自己「容易緊張」。

換句話說，**世界上幾乎所有人都是屬於「容易緊張」的類型**。

此外，也針對了「在哪些情況下容易緊張？」進行調查。在受訪者的回答裡，包括了「在眾人面前說話時」、「與初次見面的人面對面時」、「進入新職場時」、「進行簡報・報告時」、「接受測試・考試・面試時」、「發表會・演奏會時」等答案。

這些受訪者所回答的情況，其實存在一個共通點，那就是「這些都是必須在眾目睽睽之下，接受來自他人評價的場面」。也就是說，越是面對足以左右人生的重大場面，越容易讓人感到壓力，當然也就變得越容易緊張。

就結果來看，「容易緊張的人」往往會在這些重大場面或是緊要關頭遭受挫敗。而這些人也會讓自己一直深陷在無法發揮實力的懊悔之中。

「如果可以掌控容易緊張的情緒，人生一定會變得更加不一樣」，我想這應該是容易緊張的人幾乎都會說的一句話吧！

如果「不擅長與緊張相處的人」可以搖身一變，成為「可以掌控緊張情緒的人」，那

表一 —— 關於緊張的問卷調查

你是容易緊張的類型嗎？

1	非常容易緊張	41.2%
2	偏向容易緊張	41.6%
3	不太緊張	15.4%
4	幾乎沒有緊張過	1.8%

什麼時候容易緊張？

1	在眾人面前說話・演講時	82.2%
2	與初次見面的人面對面時	36.5%
3	進入新職場・被任命新工作時	35.6%
4	進行簡報・報告時	27.8%
5	舉辦發表會・演奏會時	26.7%
6	資格考・入社考試・面試的時候	26.4%
7	被他人勉強做自己不擅長的事情時（卡拉 OK・料理・駕駛等）	20.0%
8	必須做沒有經驗過的事情時（就業・一個人生活等）	17.7%
9	用電話與人說話時	16.4%
10	與上位者（上司・社長・年長者等）說話時	13.3%

日本全國 20 歲以上男女，共計 1,579 人為對象所進行的問卷調查（可複數勾選）。
引用自「HAPPY 研」（朝日集團股份有限公司）的調查。

麼他的人生確實可以因此得到改變。即使遭受壓力，也能充分發揮自己原有的實力。

為了替那些「容易緊張的人」尋求一個解決之道，本書將介紹「掌控緊張的方法」。

與緊張為友，發揮極致表現

如果能夠掌控緊張，那自然是再好不過的了！

可是，本書的終極目標，並不是要消極地傳達「不要緊張」這件事。「與緊張為友，發揮極致表現」這點，才是我撰寫這本書的最終目的。

或許你會想「怎麼可能與緊張為友呢？」，但這絕非不可能的事。

大家應該都有看過奧運的轉播吧。在冠亞軍的爭奪賽中，新的世界紀錄每每不斷地被創造出來。因為在奧運這個「緊張」的舞台上，每個人都專注在追求極致這件事情上，所以選手們各個都發揮出極致的表現。也因為如此，世界紀錄才能持續不斷地被突破及創造出來。

「要是緊張起來的話該怎麼辦？」、「啊～又開始緊張了，真是討厭！」，幾乎所有人都像這樣把緊張視為自己的敵人。但這是完全錯誤的想法。

其實，「緊張」是我們的朋友。它非但不是阻礙我們前進的「逆風」，相反地，它是推動我們前進的「順風」。

人體在緊張時所分泌的去甲腎上腺素，能讓腦部及身體在瞬間發揮到極限，如果可以加以活用，「與緊張為友，發揮極致表現」並非完全不可能的事。甚至可以說，不管是誰都有可能做得到。

「容易緊張」既不是缺點，也不是短處。對越是「容易緊張」的人來說，反而是個機會。當然，也不是說每個人就非得掌控緊張不可，只是**如果連緊張都可以掌控，那麼當你在緊要關頭時，就能發揮超乎平常的水準。說不定就連成為超人都有可能。**

本書將介紹在充分的科學及腦科學的根據之下，如何與緊張為友，進而發揮極致表現的方法。

並非只針對症狀，而是緊張的根治療法

到目前為止，市面上出版了許多關於緊張或是克服恐懼的書。可是這些書與本書有著關鍵性的差異，那就是多半只有寫出面對緊張時的各種應對方法，並沒有寫出根治緊張的

方法。

本書當然也會提供面對緊張時的應對方法，同時更會針對「為什麼會引發緊張？」這個「緊張的真面目」、「緊張的原因」，從腦科學的角度徹底解說，提供各位消除「緊張原因」的做法。也就是說，會介紹「從根本解決緊張」的方法。

我在標題中明確地表示出「並非只針對症狀，而是緊張的根治療法」，這就是本書的特點。同時，這也是一直以來從事腦科學研究的精神科醫師的我，才能寫下的內容。與坊間那些已出版的緊張的書，或是克服恐懼的書，有著關鍵上的差異。

容易緊張的我也能站在萬人面前說話的理由

雖然有點遲了，但還是容許我向各位做個自我介紹。

我是精神科醫師兼作家的樺澤紫苑。截至目前為止，總共執筆過二十七本著作，每個月有三次以上，累計已經舉辦超過數百場的演講及研討會。近來所舉辦的演講或是研討會中，到場的聽眾人數多達數百人的場面並不難見。人數最多的一次，是我以客座講師身分參加一場萬人的研討會。

如今能夠在這麼多人面前從容不迫、侃侃而談的我，其實也不是一開始就擅長應付緊張的。

高中時代的我朋友不多，可以稱得上是「超」不擅長與人交際。但就因為喜歡電影，於是成天窩在家裡瘋狂地看電影，看在他人眼裡，還以為我是「電影宅男」呢！等到我順利進入醫學系成為醫科生之後，一方面也是希望「替自己這種不擅與人交際的個性想想辦法」，所以才選擇了「精神科」作為自己的專業。

「多少都想讓自己的個性變得圓融些」、「希望能在眾人面前從容不迫地發表言論」，因為有了這樣的想法，讓我決定潛心在精神醫學、心理學及腦科學等領域學習。另外，我也因為了解自己不擅長發表，所以每年會參加多達三次的學會發表，以累積相關經驗。藉由這些在學會上的發表機會，將那些說話技巧加以應用。漸漸地隨著發表場數的增加，自己也越來越懂得應用那些技巧。現在的我，已經是個能在萬人的學會上，被稱為「演說家」的講師了呢！

由此可見，**「容易緊張」其實是可以克服的**。

就連我這種「超」不擅長與人交際的人，也能成為在萬人面前演講的演說家。而我所應用的，正是以腦科學、心理學為基礎、再現具實踐性的「掌控緊張方法」。而將這些方法傳達給正在閱讀本書的各位，正是我撰寫本書的目的。

可以應付各種「緊張場合」

接下來，我們針對前面的表一「關於緊張的問卷調查」做進一步地詳盡分析吧！在「什麼時候容易緊張？」這個問題裡，總共列出十個選項。我們重新將這十個選項做個整理，歸納出下列七個模式：

一、進行發表時。
二、接受考試、測試、面試時。
三、舉辦發表會、演奏會時。
四、與人面對面，一對一或是與初識的人見面時。
五、從事新工作、沒有經驗過的工作時。
六、被勉強做自己不擅長的事情時。
七、參加運動競賽、攸關勝負的事情時。

第七個模式「參加運動競賽、攸關勝負的事情時」雖然沒有出現在問卷中，但由於「因為運動競賽而感到緊張」的情況經常出現，所以在這裡做了追加。

這七個緊張模式，可以說幾乎含括了所有可能出現在日常生活中的緊張場景。

如果你能克服這七個緊張模式，那麼說你「已經足以應付所有緊張場面」可真是一點也不誇張。因此，本書將以最容易讓人感到緊張的場面「在眾人面前說話．演講時」（八十二．二％）為中心，再以「考試」、「運動競賽」、「發表會」等為例，具體說明掌控緊張的方法。此外，有關「面試」、「與人面對面」等特殊場合，我們會在「第六章各別場合的應對法」中詳加說明。

本書介紹的「掌控緊張的方法」，可以應對各種容易緊張的場面，這點請各位放心。

容易緊張的人更接近成功！

本書有兩個目標。

第一個目標，可以掌控緊張。

第二個目標，不光只是掌控，還要「與緊張為友，發揮極致表現」。

由於這些全都是以腦科學或心理學等科學根據作為基礎的方法，所以只要確實實踐，必定可以得到效果。我會將這些方法加以整理，並且於本書中再現。

本書是以腦科學為基礎進行撰寫，如果能確實實踐書中內容，不管是誰都能掌控緊張，做出無數令人讚賞的極致表現。

「緊張」既不是缺點，也不是短處。「容易緊張」反而是一種具有優勢的潛力。為了你的「成功」及「輝煌的人生」，不可或缺的「能量」就是「緊張」了。

「容易緊張的人」也是「容易成功的人」。如果你能意識到這點，必定可以掌控緊張，提升自己的層次，並且從中得到成長。

目錄

第2章 讓副交感神經處於主導優勢

與緊張為友的第1策略

第3章 與緊張為友的第2策略

活化血清素

第4章 與緊張為友的第3策略 控制去甲腎上腺素

第5章 戰勝緊張的心理

第6章

各別場合的應對法

第1章

首先請正視「緊張」，了解它的真面目

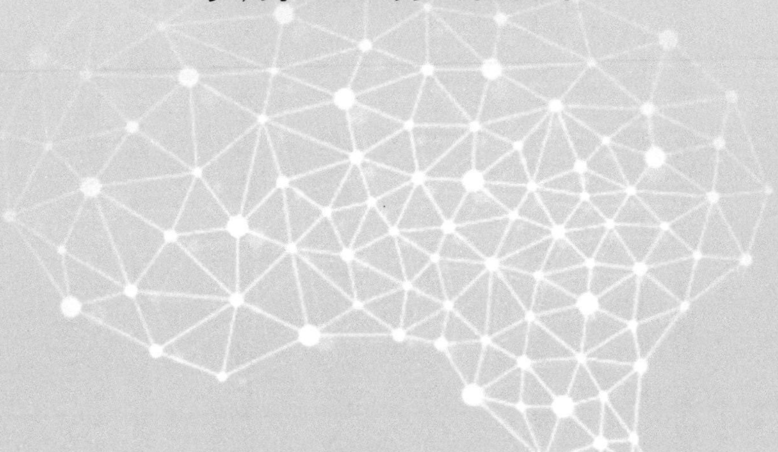

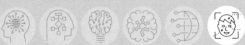

緊張是敵還是友？

本書會介紹「掌控緊張的方法」。但在此之前，有必要先了解「緊張到底是什麼？」如同孫子所說「知己知彼百戰百勝」，首先要分析敵人，盡可能多方收集情報是很重要的。

那麼「緊張」到底是什麼？只要了解緊張的真面目，就能找到面對緊張時的對策、應對方式以及掌控緊張的方法。

前面提到了「首先要分析敵人」，可是緊張真的是我們的敵人嗎？還是我們的朋友呢？

我想很多人對緊張都是抱持著「來路不明」、「可怕」、「負面」的印象吧！

「天啊！又開始緊張起來了，該怎麼辦才好？」

「又開始緊張起來了，真是煩人，這種感覺真討厭。好想趕快離開這裡啊……」

「糟了，又開始緊張了！不趕快想辦法恢復到平常心不行啊！」

「真羨慕那些不會緊張的人。為什麼偏偏我就那麼容易緊張呢？」

不擅長處理緊張的人，每當開始感到緊張時，應該都會有「天啊！我又開始緊張了，這種感覺好難受！真痛苦啊！」這樣的想法。我想應該不會有人出現「我又開始緊張了！太棒了！真開心！」這樣的想法吧！

不擅長處理緊張的人，通常會把緊張視為「不好的」或是「敵人」，也希望「避免遇到這種情況」。對他們來說，「可以不要緊張就不要緊張」。也因為如此，他們把「容易緊張」這件事視為是一種重大缺點、缺失、自卑，所以會責備自己，給自己相當低的評價。

「緊張」以英文表示為「tension」

在你的日常生活中，是否也曾有過下面這樣的情況？

「不知道為什麼，總覺得今天情緒有些低落……」

「因為老是提不起精神，得讓自己的情緒高昂些，再加油吧！」

很多人都希望可以讓情緒變得高昂。「情緒高昂」（high tension，日式用語，英文用法則表示「高壓的」）是許多人所樂見的事。可是，你們知道「tension」是什麼意思嗎？

「tension」被譯為「緊張」。

我們時常會在提不起精神時，產生想讓「情緒高昂」的想法。也就是說，其實我們認識到了如果處於「緊張不足的狀態」，將無法提升工作效率，所以應該避免這種情況的發生。換句話說，我們也知道緊張並非完全與我們為敵，「在某種程度上，它是不可或缺的存在」。

一流運動員對「緊張」的看法是？

另一方面，活躍在世界的一流運動員們，他們對緊張又是抱持著怎麼樣的看法呢？

比方說，下面引用世界排名最高第四名的日本網球選手代表錦織圭，在某次專訪中的內容來說明：

「每次比賽時，當然都會感到緊張，但我覺得這絕對不是一件壞事。如果能把緊張轉化成力量，一定會很強大。」

效力於英國英格蘭超級足球聯賽，萊斯特城足球俱樂部的岡崎慎司選手，他在二〇一六年的英超足球聯賽中，為球隊的勝利做出相當大的貢獻。同時，他也是首位有過英超足球聯賽經歷的日本人。

我曾在二〇一七年去英國萊斯特城，並且專訪了岡崎選手。當時岡崎選手面對我的提問「您到現在還是會緊張嗎？」時做出這樣的回答：「所有比賽都會讓我感到緊張。不只是重要的比賽，就連每天的例行比賽也都會。會緊張是理所當然的。相反地，要是不緊張，那可就糟了！」

效力於美國職棒並留下輝煌紀錄的鈴木一朗選手也曾這麼說過：

「我覺得不會緊張的人是不行的。」

如果稍微整理一下這些活躍在世界的一流運動員對緊張的看法，可以發現下列這些共通點：

- **每次都會緊張**。
- **緊張是理所當然的**。
- **緊張是有必要的**。

換句話說，「緊張是正向積極的」、**「緊張不是敵人，而是朋友」**。

對於不擅長處理緊張的人來說，緊張是他們的敵人；但是對於活躍在世界的一流運動員來說，緊張卻是他們的朋友。

緊張究竟是敵還是友？這個議題其實早在一百年前就已經有了結論。

圖一 —— 葉杜二氏法則

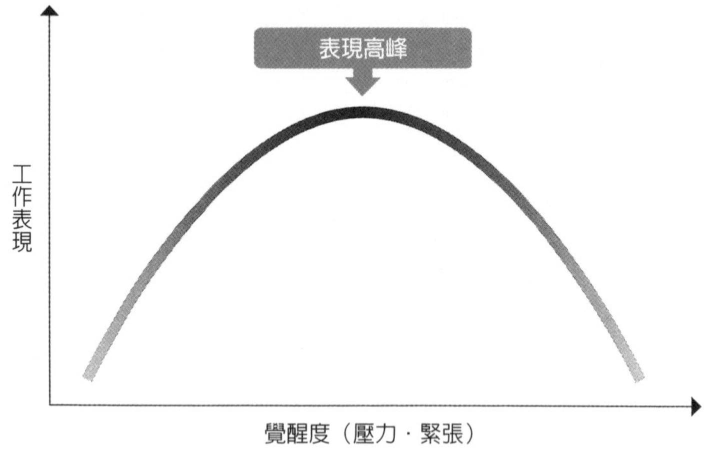

極致完美表現，緊張不可或缺

從結論來說，「緊張是我們的朋友」。

比起完全不緊張，適度緊張可以幫助我們發揮高度表現這點，早在一九〇八年葉克斯博士及杜德遜博士的心理學實驗中就得到證明。這個葉杜二氏法則（Yerkes-Dodson law），也被稱為生理心理學的基本法則。葉克斯博士也在提出這項法則之後，擔任了當時美國心理學會會長一職。也就是說，葉杜二氏法則在專家之間，以具有極高可信度的基本法則地位為眾人所知。

圖二 —— 葉杜二氏法則的初期實驗結果（原始數據）

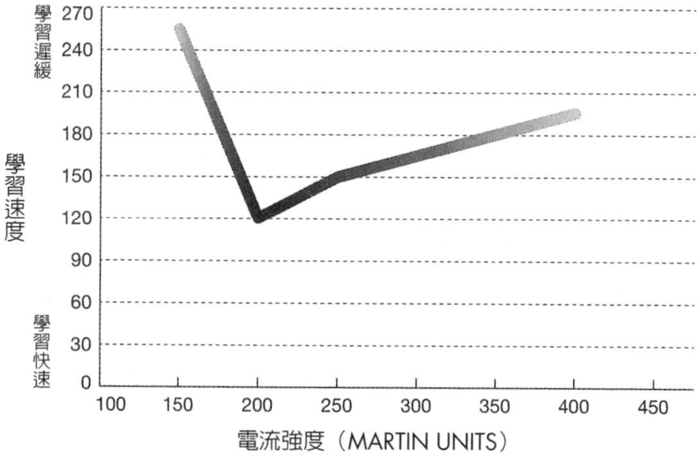

首先，利用老鼠區分黑色箭頭及白色箭頭。如果老鼠區分錯誤，便會釋出電流來督促學習。電流的強弱是可以改變的。從實驗結果得知，電流強度越強，正確率也會跟著提高；可是一旦電流超過適當強度之後，正確率也會跟著下降。

換句話說，在適當強度的電流刺激下，老鼠可以快速且正確地做出區分，提高學習效率。相反地，如果電流過於微弱或是過於強烈，也會造成學習能力低落。

懲罰、壓力或是緊張這些一般會讓人感覺不舒服的東西，在適當情況下，是有助於提升表現的。可是，如果

是過於強烈或是過於微弱的情況，則會影響表現的成果。這就是葉杜二氏法則。如果將葉杜二氏法則以容易理解的模式來呈現，就如同圖一所示。

此外，葉杜二氏法則的初期實驗結果（原始數據）則在圖二中呈現。當給予受試者高難度問題時，適當電流情況下的學習速度，是微弱電流情況下的兩倍、是強烈電流情況下的一．六倍。由此可知，「適度緊張可以提升兩倍的能力」。

多數人覺得「沒有壓力或是緊張比較好」。可是，從生理心理學的基本法則來看，「適度的壓力或是緊張才是好的」。

為了發揮極致的完美表現，緊張不可或缺。毫無疑問地，「緊張」是我們的「朋友」。

但有一點必須注意的是，就像在老鼠實驗中得到的結果一樣，在電流過度強烈的情況下，也會影響表現。在緊張過度強烈的情況下，會進入「過度緊張」的狀態，這同樣會影響表現。因此，**唯有在「過度緊張」的狀態下，緊張才會是我們的敵人。如果是「適度緊張」的狀態，緊張將會是我們最好的朋友**。

在葉克斯博士及杜德遜博士的實驗之後，也相繼出現了許多類似實驗。即使將橫軸部分替換成以「覺醒程度（刺激程度）」、「意欲程度」、「去甲腎上腺素濃度」等條件來進行

圖三 —— 緊張的倒 U 型理論

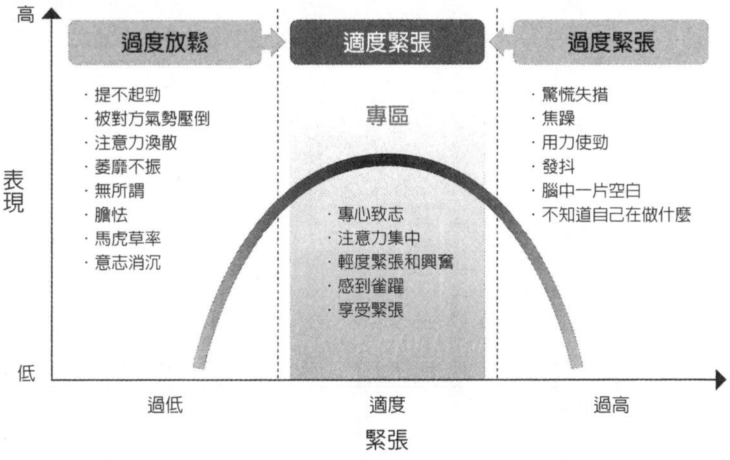

出自《運動心理訓練教本》（暫譯，大修館書店）中的圖並加以修正。

調查，都與「表現」之間呈現出一種倒U型的關係。將這些結果做出整理，就被稱為「緊張的倒U型理論」。

「緊張的倒U型理論」在運動心理學領域是相當知名的理論。所有運動心理學教科書中，一定都會出現這個圖（圖三）。

可是在由我擔任講師的「緊張研討會」中，對一百名參加者進行問卷調查時發現，有聽過「緊張的倒U型理論」的人，僅僅只有五%。

也就是說，對於活躍在世界的一流運動員而言，「緊張的倒U型理論」可說是「掌控緊張的常識」；但對一般社會人士來說，卻是個極為陌生的理論。

事實上，我也幾乎沒有見過任何一本商業書有介紹過「緊張的倒U型理論」。緊張的存在是有必要的。每個人只要在適合自己的適度緊張狀態下，就能發揮最好的表現。這個心理法則不只針對運動員，如果一般社會人士、準備應考的考生也能了解的話，是不會有任何損害的。

雖然在這世界上，「不擅長處理緊張」、「自覺容易緊張」的人多到無以計數，但我真的很想讓這些人了解，其實「緊張是我們的朋友」，而這也是我寫這本書最大的理由。

如果能了解「緊張是我們的朋友」這句話的真正涵意，不僅不會打從心裡討厭緊張，更不會對緊張產生過度的意識。如果能與緊張化敵為友，在往後面臨任何一個人生的重要時刻，都能發揮自己的極致表現。如此一來，你的人生也將跟著改變。

只要了解「緊張是我們的朋友」就能提高表現

或許你現在正想著，就算了解「緊張是我們的朋友」，但緊張也不是那麼簡單想掌控就能掌控的。

關於這點，哈佛大學的傑米森博士發表了一項有趣的研究。他將六十位受試者學生分成兩組，進行一項數學實驗。實驗內容是告知其中一組學生「緊張有助於提升表現」，另一組學生則完全不告知任何訊息。具體內容說明如下：

「很多人認為不安的情感會影響表現成果。但近來研究發現，緊張非但不會影響表現，反而有助於提升表現。因此，當你在考試過程中感到不安時，請告訴自己，緊張可以幫助我得到更好的表現。」

根據傑米森博士的實驗結果，沒有告知訊息的一組學生平均得分為七百零五分，被告知訊息的一組學生平均得分為七百七十分。從結果來看，被告知「緊張有助於提升表現」訊息的一組學生，明顯高出沒被告知訊息的一組學生六十五分。

由此可知，**光是了解「緊張有助於提升表現」這點，就能取得高分。另一方面，這也顯示了只要了解「緊張有助於提升表現」，就能逐漸掌控緊張。**

不需要勉強放鬆～緊張的倒U型理論

關於掌控緊張前一定要知道的「緊張的倒U型理論」（圖三），這裡再加以詳細說明。

首先是倒U型的中心部分。處於這個狀態下的注意力最為集中、最能專心致力於眼前的事情。這時除了會感覺到些微緊張及興奮，也會出現一種歡欣雀躍的感覺。此時的頭腦清晰，可以清楚看出整體狀況。由於這時的緊張是最理想的狀態，所以也稱之為「專區」。但在本書中，為了讓大家可以清楚認識此時的緊張是最適合自己發揮完美表現的理想狀態，因此稱之為「適度緊張」。

當緊張的強度高於「適度緊張」時，代表正處在一個過度緊張的狀態。一旦處在過度緊張的狀態（圖三右側）下，就會出現驚慌失措、焦躁、用力使勁、身體發抖、腦筋一片空白，甚至連自己做了什麼都不清楚等症狀。這個狀態雖然也被稱為「緊張過剩」，但本書中以較容易理解的「過度緊張」一詞來稱呼。

當緊張的強度低於「適度緊張」時，代表正處在一個低度緊張的狀態。一旦處在低度緊張的狀態（圖三左側）下，就會出現提不起勁、被對方的氣勢壓倒、注意力渙散、萎靡不振、凡事無所謂、膽怯、意志消沉等症狀。這是緊張過度低下，也就是過度放鬆的狀態。

我想很多人可能會覺得「處在放鬆狀態下，才能發揮良好表現」吧！可是，**「過度放鬆」的狀態就是「情緒無法高漲」的狀態。這時，無論工作或讀書、運動競賽等，都無法**

提升表現。

換句話說，沒有必要讓自己處在過度放鬆，也沒有必要讓自己完全冷靜到所謂的「平常心」狀態。因為太過冷靜反而不是一件好事。

覺得自己「完全無法招架正式上場時的壓力，壓根無法放鬆」的人當然大有人在。可是他們這樣的想法是根本上的錯誤。因為不管是「完全放鬆」或「徹底平常心」，這些其實根本都不需要。為了成功，唯一需要的就是「適度緊張」。

如果要說明什麼是「適度緊張」，就是「緊張」與「放鬆」兩者恰當融合的狀態。緊張時會讓腦部感到興奮，也會讓注意力、集中力、判斷力達到高峰。而適度緊張可以保有冷靜，掌控思考、行動、舉止或是細微動作等狀態。

當「適度緊張」發揮到極致時，會產生「移動中的球看起來好像停住了」，或是「球就好像在眼前停止般，可以仔細看清楚」這樣的現象。在運動員之間，將這種狀態稱之為「專區」。

如果缺少適度的緊張，是絕對不會有完美精采的表現。

「適度緊張」是發揮完美表現不可或缺的狀態。

因此，「不想緊張」或是「無法放鬆」等都是錯誤的想法。你應當追求的是「適度緊張」、「恰到好處的緊張」。在「適度緊張」的狀態下，不僅可以完成一場精采的演說，考試時也能締造自己的最高得分，運動競賽時也能創下自己的紀錄，或是進行一場完美絕倫的樂器演奏。

總之，請先認識到「適度緊張」是「我們最好的朋友」這件事。

調整你的「緊張計速器」吧！

處在「適度緊張」的狀態下，可以讓表現做最大程度的發揮。如果可以理解這點，在心情上會變得輕鬆許多。緊張不是敵人，「適度的」緊張是有所助益的。

重點在於「適度」這件事。到底什麼程度稱得上是「適度」？如果不是處在「適度」的情況，又該怎麼做才能達到「適度」？下面我們就借助「緊張計速器」來說明。

請在腦中想像一個如圖四般的緊張計速器。

如果處在「適度緊張」狀態時，儀表顯示為時速五十公里。如果處在最為緊張的狀態時，儀表顯示為時速一百公里。如果處在最為放鬆的狀態時，儀表顯示為時速零公里。接著請用「零～一百的數字」來表示自己在考試或是發表前的緊張程度。

圖四 —— 緊張計速器

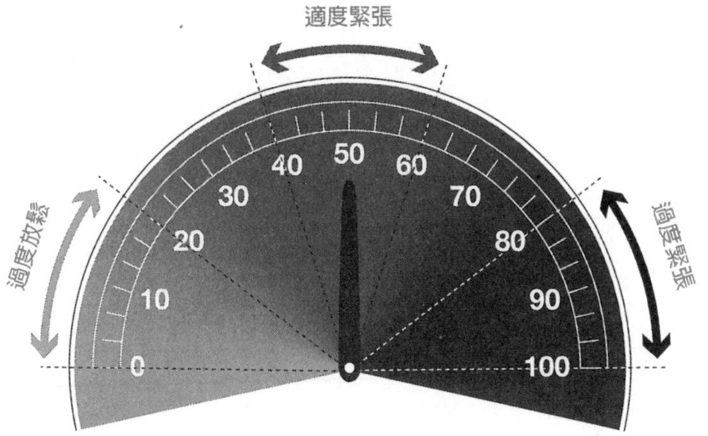

如果是落在九十～一百的狀態，就是「過度緊張」，也就是超速的危險狀態。這時有必要踩煞車，讓速度減緩下來。

如果是落在零～二十的狀態，就是過度放鬆。這時有必要踩油門，讓自己的情緒稍微緊張起來。

將「情感」這種難以用數字表現的東西「數值化」，有助於以客觀方式來審視自己的內在。

即使自己覺得當下處在「非常緊張」的狀態，但如果數值化後發現大約是七十左右的程度，便可自行判斷「應該可以稍微踩一下煞車吧？」，只要不是高達「九十」或「一百」就沒有問題。

那麼，如果處在「過度緊張」的狀態下，身體會出現哪些症狀呢？對此還是先有某種程度的了解會比較好：

一、身體僵硬；
二、手腳發抖；
三、發冷或盜汗；
四、表情僵硬；
五、無法控制；
六、腦袋一片空白；
七、心跳速度快。

換句話說，如果沒有出現這些症狀，表示你的緊張程度還不至於高達「九十～一百」的狀態。

事實上，有很多情況是雖然覺得自己處在一個非常緊張的狀態，但如果轉化成數值來看，可能只有「七十」左右的程度，或其實還在「適度緊張」的範圍內。

為了可以正確地將「緊張數值化」，平時就應該多做數值化的練習。從平時就開始練習的話，不僅可以提高洞察力，重要關頭時刻，便能正確地將緊張化成數值來判斷。

雖然說過「緊張時要記得踩煞車」、「過度放鬆時要記得踩油門」。但到底什麼是緊張的「煞車」？什麼又是緊張的「油門」呢？

下面將接著說明。

造成緊張的原因只有三個

當我在寫這本書時，曾對「緊張」做過徹底的分析。舉凡坊間所有和「緊張」相關的書籍，我幾乎都一一拜讀。同時，我也會在自己主辦的讀書會「樺澤塾」（會員八百人）、「緊張力研討會」（參加者一百人）中進行問卷調查，實際訪問那些「容易緊張」的人，了解他們在哪些情況下容易感到緊張。

隨著緊張情緒的逐漸升高，一旦達到過度緊張狀態時，不僅會產生「心理上的變化」，也會發生剛剛我所提到的七個「身體上的變化」。為什麼會產生這樣的變化呢？

透過科學分析，我們可以得到三個原因。

「身體僵硬」、「手腳發抖」、「發冷或盜汗」這三者是交感神經取得主導時的狀態。而「表情僵硬」、「無法控制」則是腦中血清素（Serotonin）處於低下時的狀態。另外，「腦袋一片空白」、「心跳速度快」則是因為腦中去甲腎上腺素（Noradrenaline）過高的緣故。

那麼過度緊張是「交感神經主導」、「血清素低下」、「去甲腎上腺素過高」這三者的哪一個？還是這三項要素相互組合所引起的？

你可能對「緊張」存在著「想控制卻控制不了」、「因為不知道它的真面目而感到畏懼」這樣的印象。

如果從科學角度來分析，**造成緊張的原因也只不過是「交感神經主導」、「血清素低下」及「去甲腎上腺素過高」這三者而已**。所以，只要針對這三個原因好好擬定對策，緊張完全是可以掌控的。

比方說，當「交感神經主導」時，只要讓扮演煞車角色的副交感神經處於主導就可以了；當「血清素低下」時，只要提高血清素就可以了；當「去甲腎上腺素過高」時，只要降低去甲腎上腺素就可以了。因為造成緊張的原因只有這三個，所以掌控緊張的方

圖五 —— 掌控緊張的整體關係圖

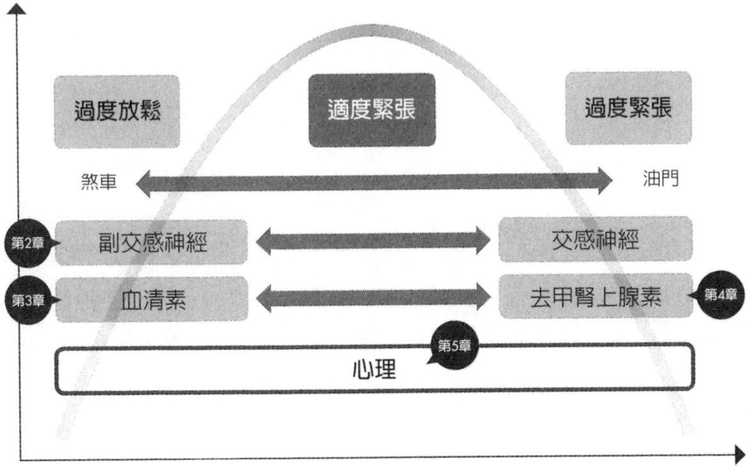

法也只有這三個而已。

如果進一步去整理這三個原因，會發現「副交感神經」與「交感神經」其實就像煞車與油門的關係。「血清素」和「去甲腎上腺素」也像煞車與油門的關係。換句話說，我們可以區分成「副交感神經～交感神經」及「血清素～去甲腎上腺素」這兩條軸。只要對這兩條軸分別踩上煞車或油門，就可以完全掌控緊張這件事了（圖五）。

人類難以捉摸，是未知的，不做明確表示的。會對來路不明的東西感到「恐懼」和「不安」。可是一旦了解那來路不明東西的真面目之後，「搞什麼，原來是這個啊！」就會像這樣，原有的「恐懼」和「不安」也會在一瞬間煙消雲散。

所謂「緊張」，說穿了不過就是「神經與腦內物質的變化」而已。它並不是對來路不明的東西不明就裡產生的感覺。

現在我們已經了解緊張的真面目，你是否多少能對緊張感到釋懷了呢？

既然已經了解了緊張的真面目，第二章中便要針對緊張的三個原因分別提出對策。也會介紹各位最想知道的「掌控緊張的方法」。

在第二章會先針對「副交感神經」進行說明；在第三章中針對「血清素」進行說明；在第四章中則是針對「去甲腎上腺素」進行說明。到了第五章，就會針對稱得上是掌控腦內物質或是自律神經的「基盤」、「基礎」的「心理」進行解說。

第

2

章

與緊張為友的第1策略

讓副交感神經處於主導優勢

減緩緊張的副交感神經

造成緊張的原因有三個。第一個是「交感神經主導」所造成。因此，只要抑制交感神經，切換成放鬆的神經，也就是讓副交感神經處於主導，就是我們與緊張為友的第一策略。

我想各位或許有聽過「交感神經」與「副交感神經」這兩個名詞。但具體來說，它們是具有什麼作用的神經呢？

所謂的交感神經，又稱為「日間神經」，是指在白天活躍的神經。副交感神經則被稱為「夜間神經」，是指在晚上休息或睡覺時發揮主導的神經。

交感神經與副交感神經合稱為「自律神經」。自律神經掌控著人體各部位臟器的運作。其中，交感神經如同油門般地存在，而副交感神經則如同煞車般地存在。

當交感神經處於主導時，除了會讓心跳數、血壓、呼吸次數及體溫等加快或是上升之外，肌肉也會變得僵硬。反之，當副交感神經處於主導時，會讓心跳數、血壓、呼吸次數及體溫等減緩或是下降，同時也可以讓僵硬的肌肉變得比較柔軟（表二）。

當交感神經處於主導時，除了「緊張」變得強烈之外，也會提高全身的活動性。當副

表二 —— 交感神經與副交感神經的區別

自律神經	交感神經	副交感神經
日間與夜間	日間神經	夜間神經
活動與休息	活動模式	休息模式
精神活動	緊張	放鬆
心跳數	↑	↓
血壓	↑	↓
呼吸次數	↑	↓
呼吸品質	淺呼吸、吸氣	深呼吸、呼氣
體溫	↑	↓
肌肉僵硬	緊張	放鬆
消化道運動	↓	↑
血糖	↑	↓
瞳孔	擴大	縮小
汗	↑	—
唾液	↓	↑

交感神經處於主導時，則是處於「放鬆」的狀態。這時，全身都是處於「休息」的模式。

交感神經與副交感神經除了有日夜交替的模式之外，也有同樣在日間進行激烈活動時由交感神經主導，短暫休息後則換由副交感神經主導的模式。

舉例來說，「快趕不上電車了」這件事，可以讓你使盡全力狂奔二十公尺，心臟狂跳不止，上氣不接下氣，全身上下也都熱了起來。這就是交感神經處於主導的模式。

此外，自律神經與身體也有相當密切的連動關係，像是掌控心臟、肺部、肌肉或是體溫等，都是自律神經的工作。

而過度緊張的狀態，正是交感神經處於主導的模式。因此，只要將交感神經主導的模式切換到副交感神經主導的模式，就能減緩緊張，得到放鬆。

自律神經可以掌控心臟、肺部、肌肉等臟器運作，同時也有讓臟器將狀況反應回傳至自律神經的功能。比方說，在發出「交感神經主導↓心跳數加快」這項指令的同時，也收到「心跳數減緩↓副交感神經主導」的指令。當心臟跳動減緩時，卻又接收到來自交感神經（給我繼續跳動！）的指令，陷入矛盾的狀態。換句話說，**各部臟器的調節運作是依靠自律神經的作用。而交感神經與副交感神經則可以靠我們自己來掌控。**

自律神經主要影響五個項目，分別是血壓、心跳數、體溫、呼吸次數以及肌肉僵硬程度等。而在這五個項目中，有哪些是可以靠著自己的意志去控制的呢？

光是坐在椅子上，就能讓心跳數提高到一百六十，或是讓體溫提高一度的人是不存在的。可是，只有「呼吸」是可以自己控制的。只要告訴自己「慢呼吸」，呼吸就可以緩慢下來。

另外，僵硬的肌肉也可以靠著「伸展」、「按摩」等簡單的外在輔助達到放鬆的目的。

藉由「慢呼吸」和「放鬆肌肉」這兩個方法，就能在切換成由副交感神經主導的同時，也能讓精神上的緊張得到舒緩。

接下來，我們就來詳細介紹由交感神經切換到副交感神經的具體方法吧！

副交感神經切換術1 深呼吸

● 終極緊張緩和法——「深呼吸」

從交感神經切換到副交感神經，讓副交感神經處於主導最簡單的方法就是「深呼吸」。雖然心跳數和體溫無法靠意志控制，但唯有「呼吸」是可以靠意志去控制的。當副交感神經處於主導時，呼吸會變得平緩。因此，如果想讓副交感神經處於主導，只要放慢呼吸就可以了。

只要進行一分鐘的深呼吸，就能從過度緊張調整到適度緊張。有關深呼吸的重要性，坊間所出版關於「緊張的書籍」或是「恐懼症的書籍」一定都會提到。最簡單、最具明顯效果的掌控緊張方法就是「深呼吸」。

提高緊張的惡魔呼吸法

有關「深呼吸」的重要性，我在自己的多本著作中也都有提到。此外，我也在自己的Youtube「精神科醫・樺澤紫苑的樺頻道」（https://www.youtube.com/user/webshinmaster）中，多次上傳關於「光是深呼吸就能消除緊張」的內容。

可是，從Youtube的意見欄中，可以看到不少類似「就算做了深呼吸也沒效果！」、「光是深呼吸根本控制不了緊張」這樣的負面評價。

「只要確實深呼吸的話，短短一分鐘，就能從交感神經主導狀態切換到副交感神經主導狀態。可是為什麼會有那麼多人無法透過深呼吸來緩和自己的過度緊張呢？」我不禁產生了這樣的疑問。畢竟這個方法是基於醫學及人體根本構造的原理，照理說應該不會有例外才對。

就在我持續抱持這個疑問的某天，在某個考試會場，恰好看見有人在做深呼吸。當時那個人面帶緊張神色，拚命做著深呼吸，試圖緩和自己的過度緊張。吸——呼——，吸——呼——，三秒吸氣，三秒呼氣，以相當快的速度不斷進行著。

當我看到眼前這個畫面的瞬間，驚覺「糟糕！這可是錯誤的深呼吸啊！」

雖然當事人想要進行深呼吸，但那並不是深呼吸。甚至可以說，那是會讓交感神經處於主導的「過度換氣」。在我眼前的那個人，正在做著讓緊張程度加重的「惡魔呼吸法」。

同時，這個瞬間我也了解到，「為什麼有些人做深呼吸也不見效果」的原因了！

那是因為他們一直以錯誤的方式在進行深呼吸的緣故。**隨著呼吸的短淺，呼吸次數也會跟著變多。錯誤的深呼吸是完全無法帶來舒緩緊張的效果。甚至還會讓交感神經處於主導，加重緊張的程度。**

想要進行深呼吸，其實是有正確方法的。可是仔細想想，我們從來都沒有向誰學過

「正確的深呼吸方法」。如果有學習過瑜伽、冥想或是發聲方法、發聲訓練的人應該會知道正確的呼吸法、深呼吸或是腹式呼吸法。但是對於沒有過這些經驗的人來說，的確可能不清楚「正確的深呼吸方法」。

也就是說，雖然我和大家說「過度緊張時要記得深呼吸」，但因為大家沒有學過正確的深呼吸方法，所以只會用自己以為的方式來進行。應該不是無法做到正確的深呼吸或是腹式呼吸，而是很多人都是做著錯誤的深呼吸。

可以幫助我們切換成副交感神經主導並且緩和過度緊張的深呼吸，如果沒有用正確方式進行，是完全無法得到效果的。

●死亡當前也無動於衷！歷經一千四百年，日本古代武術掌控緊張的奧義

我從大約兩年前開始學習武術，以每週一次的頻率前往道場練習。我所學習的內容範圍相當廣泛，包括居合道、劍術、柔術以及冥想等。

為什麼我會想學習古代的武術呢？那是因為自己深感「自我控制」的重要性，希望

內在心理與外在身體可以依照自己所想的去行動。當我超過五十歲之後，明顯感受到不管是在體力、記憶力，還是集中力上的逐年衰退。因為對這些症狀感到焦慮，讓我自覺「如果不做點什麼不行」，所以才開始想到要學習古代武術。尤其是在寫書時，因為需要長時間的集中注意力，也讓我開始思考有沒有可以將集中力提升到最高境界的鍛鍊方法？因為想要鍛鍊自己的「自我控制」能力，終於在多方嘗試各種方法之後，找到了學習「古代武術」這個方法。

我所學習的「九曜流居合平法」是自飛鳥時代開始，流傳至今約一千四百年的傳統流派。這是一種身穿盔甲在戰場上殺敵拼鬥的武術。所謂的「平法」，也有著在戰場這種攸關生死的緊張場面，還能保持平常心的方法這層意思。可以說，「掌控緊張的方法」就潛藏在這套武術之下。

一旦上了戰場，如果過度緊張，會因為肌肉僵硬，以至於無法發揮與敵人一對一對峙時的瞬間爆發力。戰場上是絕不容許有〇．一秒的遲疑。如果有了〇．一秒的遲疑，那麼肯定必死無疑。因此，一旦敵我雙方處在刀劍相對的狀態，能夠掌控緊張的一方，就能贏得最終的勝利。

如果連生死攸關的緊張場面都能掌控，那麼像考試、簡報或是發表會等場面的緊張根本就不值得恐懼，可以輕鬆自然地克服。

看到這裡，我想各位應該已經迫不及待想要了解，所謂在生死攸關場面能夠完全掌控緊張的方法了吧？其實這個方法是屬於「九曜流居合平法」這套流派的「奧義」，原則上是不可對外宣揚的。但這次我特別向師父請託，終於同意讓我將精要的部分在本書中呈現。

儘管再緊迫的場面，也不會讓人陷入過度緊張，並且可以發揮完美表現的方法就是……**三十秒一呼吸**。

我們在學習這套武術時，都是用「三十秒一呼吸」的方式進行著。三～五秒吸氣，二十五秒慢慢吐氣。在進行這樣的呼吸時，我們並不是處於靜止狀態，而是一邊舞動著手中的劍，一邊同時進行著呼吸。剛開始時，我總是上氣不接下氣，氣喘吁吁地相當不容易。現在的我，雖然還在學習階段，尚且無法掌控好「三十秒一呼吸」的節奏，但卻是我努力達成的目標。

等到可以漸漸掌控好這個呼吸法，職場上所有原本對你來說是過度緊張的場面，都將消失殆盡，不管任何情況，都能發揮最好的表現。

「三十秒一呼吸」，換句話說，就是「深呼吸」，也是一種深長的深呼吸。在利用橫膈膜的腹式呼吸中，呼氣時的深長呼吸，會讓副交感神經處於主導地位。所以，抑制交感神經並且切換成副交感神經的最強方法，可以說就是「三十秒一呼吸」了。

可能是恰巧吧！具有四千五百年歷史的瑜伽也是同樣的方法。進行瑜伽時，一個姿勢維持三十秒，一個姿勢進行一次呼吸。換句話說，瑜伽所推崇的，正是三十秒一呼吸。

自我控制、掌控緊張的關鍵就是「呼吸法」。

●正確的深呼吸．錯誤的深呼吸

接下來，終於要介紹「掌控緊張的正確呼吸法」了。在開始說明「正確的深呼吸」之前，我想先舉出「錯誤的深呼吸」的例子，各位會比較容易理解。

所謂「錯誤的深呼吸」是指下列四點：

一、**淺呼吸**；

二、**呼吸次數多**；

三、**將意識集中在「吸氣」**；

四、**吸氣的時間長**。

當交感神經處於主導地位時，呼吸會變得短淺，次數也會跟著增加。換句話說，如果呼吸短淺且增加呼吸次數，就會讓交感神經處於主導，提高緊張的程度。

比較極端的例子就是「過度換氣」。呼——呼——呼——，像這樣不停重複著短淺的呼吸，就是「過度換氣」。在過度換氣的情況下，越是呼吸，就越會感到緊張、不安、恐懼，嚴重時還可能陷入恐慌狀態。因為擔任精神科醫師的關係，我也見過許多過度換氣的患者。這些患者越是呼吸，越會從中感到逐漸加重的不安及恐懼感。

像這種錯誤的呼吸方式，不要說是緩和過度緊張了，甚至還可能加劇緊張的程度，演變成難以控制的狀態。

有個關於呼吸的重要法則，就是**「副交感神經會在吐氣時變得活躍，交感神經會在吸氣時變得活躍」**。

如果將呼吸過度集中在「吸氣」上，會讓交感神經變得活躍，進而處於主導。因此，進行深呼吸時，比起「吸氣」這件事，確實做到將肺部的空氣吐出，讓空氣自然流進肺部是最為理想的。不是有意識地「吸氣」，而是讓空氣自然地進到我們的肺部。

此外，相對於「吸氣」的時間，如果「呼氣」的時間沒有達到「吸氣」時間的兩倍以上，副交感神經也無法處於主導的地位。舉例來說，如果「吸氣」時間為五秒，那麼「呼氣」時間就有必要花費到十秒以上。

如果可以了解錯誤的深呼吸，就可以從中了解正確的深呼吸方法。

所謂「正確的深呼吸」是指下列五點：

一、**將氣全部吐出；**

二、**以細長方式緩緩將氣吐出；**

三、**腹式呼吸（橫膈膜上下移動）；**

四、**呼氣時間是吸氣時間的兩倍以上；**

五、**用十秒以上的時間吐氣。**

其中，以第一點的「將氣全部吐出」最為重要。因為將氣全部吐出的瞬間，便可以切換成由副交感神經來主導。但要注意的是，如果沒有完全將氣吐出，還有空氣殘留在肺部的話，是無法完全切換至副交感神經來主導的。

每個人都做得到！～一分鐘深呼吸法

那麼具體來說，要進行哪種深呼吸比較好呢？這裡介紹一分鐘進行三次深呼吸的「一分鐘三次深呼吸法」：

一、**用五秒從鼻子吸氣（五秒）**；

二、**用十秒將氣從嘴巴吐出（十秒）**；

三、**再用五秒將肺部裡的殘留空氣全部吐出（五秒）**。

五秒吸氣，十五秒吐氣，完成這樣一次吸吐需要二十秒，重複三次吸吐的話，恰好是六十秒，也就是一分鐘。雖然只有短短的一分鐘，也能發揮減緩過度緊張的強大效果。如果進行一分鐘後，感覺過度緊張還是無法得到減緩的話，就請持續進行二分鐘、三分鐘。

吸氣時，請同時在腦中進行腹部開始漸漸膨脹，腰部及背部也開始漸漸膨脹的想像，讓橫膈膜慢慢往下降。

吐氣時，讓橫膈膜慢慢上升，將氣吐出。就像透過吸管將氣吐出般，均衡地、緩緩地將氣吐出。如果用了十秒將氣從口中吐出，就請再用五秒將肺部裡的殘留空氣全部吐出，請以這樣的方式進行吐氣。彷彿腹部與背部就快要貼在一起般，將氣全部吐出。

接著，當橫膈膜下降之後，已經將空氣完全吐出的肺部自然會再有空氣流入。如果吸氣時是有意識地進行吸氣，會讓交感神經處於主導。所以請拋開自己正在吸氣的意識，要用感覺空氣是「自然流入」的方式來吸氣。如果「吸氣」時投入過多意識，或者是用肺部大口吸氣，會讓交感神經重新處於主導，這點請務必多加注意。

五秒吸氣，十五秒吐氣。等到習慣之後，可以再慢慢延長吐氣的時間。到時不妨試著延長至二十秒、二十五秒吧！

五秒吸氣，二十五秒吐氣。如果可以完成三十秒一次呼吸的話，已經可以稱得上是相當程度的上級者了。

「一分鐘深呼吸法」不管何時何地，只要一分鐘就能完成，不妨利用閒暇時間、空閒時間進行練習吧！

● 深呼吸是有必要練習的！

很多「容易緊張的人」本身就是呼吸短淺的人，或是在緊張狀態下，由於交感神經處於主導的關係，才會導致呼吸變得短淺。

換句話說，之所以「容易緊張」是因為「呼吸短淺」所導致。由於原本呼吸就比較短淺，所以很難做到需要進行深吐的「深呼吸」，結果還是無法從「過度緊張」的狀態中得到解脫，因此經常陷入惡性的連鎖反應中。

那麼該怎麼做才好呢？應該要從日常生活中就開始進行「深呼吸」的練習。也就是說，**為了可以在關鍵時刻掌控緊張，在每天的生活中進行深呼吸的練習是有必要的**。其實，我每天都會做冥想的練習。冥想可以說也是深呼吸練習的一種形式。其他像是在擁擠的電車裡，如果不能進行閱讀，不妨就來練習深呼吸吧！

如果能從日常生活中開始練習深呼吸，慢慢地就會變得上手，等到面臨重要關鍵時刻，像是考試或是發表會時，就能確實切換成由副交感神經主導的「正確深呼吸」了。

● 滿員電車是練習深呼吸的絕佳時機

各位是否有體驗過如擠沙丁魚般的「滿員電車」？坐這樣的電車讓人備感壓力，一種極度不適感不斷襲來。這個時候就是交感神經處於主導的狀態。當這種壓力慢慢擴散開來，就會感到焦躁或是一股無名火竄上來。這時就是練習深呼吸的絕佳時機。

如果進行一分鐘深呼吸後，感覺心中的怒火或是焦躁完全消失，代表你已經成功切換成副交感神經主導的模式。同時，這也是你正確地完成深呼吸的最佳證明。

但如果感覺焦躁等不適感沒有得到減緩，則代表你尚未成功切換至副交感神經主導的模式。是深呼吸的方法錯誤嗎？還是深呼吸的進行時間不夠充分？直到可以掌控自己的情緒、不適的情緒得到緩解之前，請持續進行深呼吸。

如果處在焦躁或是憤怒的狀態下，能透過深呼吸來掌控自己的情緒，那麼即使在面對緊張的關鍵時刻，也一定能透過正確的深呼吸重新掌控緊張的情緒。

如果在練習階段無法掌控好情緒，一旦面臨真正緊張的關鍵時刻，也一定很難做好掌控。所以，請認真地進行深呼吸的練習。

●活用逆境～深呼吸的負載訓練

可以用來練習深呼吸的場合，除了前面提到的滿員電車之外，還有其他的場合。比方說，被上司斥責的時候。

當你被上司大聲斥責：「你看看你到底做了什麼，怎麼會有這麼失敗的事情！」時，或許你會心想：「這件事情根本錯不在我，不管怎麼看，都是對方公司的問題啊！」可是，一旦這句話脫口而出，可能會惹來其他麻煩，所以只能將這些話吞進肚子裡。但儘管如此，還是無法抑制內心的不滿。

這時，請一邊對著自己說「沒關係」，一邊慢慢地進行深呼吸。如果上司還是不斷在旁斥責你，就請試著一邊聽他斥責，一邊用深呼吸來調整自己的情緒。你會發現，自己內心的怒火，竟然就這樣慢慢地消失不見。

接到抱怨申訴的電話時也是一樣。電話一頭是怒氣沖天的客戶，就算我們這邊想要冷靜與對方把話說清楚，但對方持續不斷的怒火，讓電話這頭的你備感焦急及壓力。

這種時候，請你慢慢地深呼吸。一邊進行深呼吸，一邊聽著對方的內容。

像這樣，**當你承受負面情緒，或是遭受到強大壓力的情況下進行深呼吸的練習，不僅可以得到相當的效果，同時也能透過實際上的實踐學習如何深呼吸。**

在安靜的場所，一邊進行冥想，一邊進行呼吸練習也是可以。只是這樣的練習是否能在緊要關頭發揮效果就不得而知了。

為了能夠學會「只要實踐，必定能在緊張等重要關頭發揮效果的深呼吸方法」，希望大家可以養成當自己身處在焦躁、憤怒等情況下時，立即做深呼吸的習慣。

如果能在面臨強大壓力、宛如親身實踐般的場面，透過深呼吸來掌控情緒的話，等到「真正上場」時，自然就能控制緊張的情緒了。

舉例來說，我們經常會建議考生：「如果感覺很緊張，就做深呼吸。」可是真正緊張時，根本不會記得要去做「深呼吸」這件事。為了避免這種情況發生，平常如果遇到讓自己感覺緊張、火冒三丈、似乎快要控制不住情緒時，就請立刻進行深呼吸，並且有必要養成這樣的習慣。如果平時沒有養成深呼吸習慣的人，一旦到了讓腦筋一片空白的過度緊張狀態時，根本不會想起來要做「深呼吸」這件事。

「感覺有點緊張時，深呼吸」、「感覺有點生氣時，深呼吸」。像這樣，面對緊張或是感覺無法控制情緒時，如果無法反射性地進行深呼吸是不行的。如果能夠做到，等到面臨真正重要的時刻，就能在絕佳的時間點進行深呼吸，順利度過當下的危機。

總結來說，請在日常生活中養成深呼吸的習慣。一天只要一分鐘，持續一段時間後，一定可以成為習慣。

考試開始一分鐘前的放鬆方法

一般考試會場會在正式開始前一分鐘，分發作答時的答案用紙。在等待開始的這一分鐘，應該是最讓人感到緊張的時刻吧！一旦考試正式開始，能做的也只有寫這件事了。但是在開始前的這一分鐘，卻是最讓人感到緊張，彷彿自己就這麼被這討厭的情緒給牽制著。

這個時候，我希望大家可以一面看著自己的手錶，一面進行「一分鐘呼吸法」。首先，看著自己的手錶錶盤，當秒針到達「十二點」的位置時，以此作為零秒。第一步，請先進行五秒鐘的吸氣，接著再進行十秒鐘的緩慢吐氣，最後再用五秒將氣完全吐出。這時秒針應該來到錶盤上「四點」的位置。

就像這樣，一面看著秒針，一面進行「一分鐘呼吸法」。只要實際做過就會發現，其實這一分鐘還挺忙碌的。也就是說，這一分鐘除了呼吸之外，已經無法再去想其他的事情。所以，像是「待會如果出現很難的題目該怎麼辦？」、「如果無法在規定時間完成作答該怎麼辦？」等無謂的擔心或不安，根本沒有機會在這一分鐘內出現。

將眼睛專注在「看著手錶錶盤」這件事情上；將身體集中在「呼吸」這件事情上。這

麼做就沒有多餘的心力去思考其他事情。一下子就過了一分鐘，「考試開始」的指令正式下達。此時，透過方才三次二十秒呼吸的調節，讓副交感神經處於主導，減緩了原先過度緊張的狀態，恰好可以用適度緊張來迎接挑戰，求得最好的表現。

此外，像是發表、音樂演奏會等，正式開始前的一分鐘同樣也是最令人感到緊張的時刻。這時，也請用「一分鐘呼吸法」來順利度過吧！

副交感神經切換術2

緩慢表述～戰地攝影師式緊張緩和法

我想各位應該已經了解如何用深呼吸來掌控正式開始前的緊張了。

但如果是發生在發表途中，或是站在眾人面前說話時，感覺緊張逐漸加劇的話該怎麼辦？又不可能在眾人面前當場暫停演說來進行深呼吸。如果要繼續下去，是否有用來緩和過度緊張的方法呢？

有的，那就是「戰地攝影師式緊張緩和法」。

不知各位是否聽說過戰地攝影師渡部陽一先生呢？「我叫……渡部陽一。是戰場上的……攝影師。」像這樣，說話語速極為緩慢，彷彿要將每個準備說出口的字都給嚼爛了才肯說出口似地說話方式。這裡所說的「緩慢表述」，也是我想推薦給各位作為緩解過度緊張的一種說話方法。

各位應該經常聽到人家說，「只要一緊張，我的說話速度就會變快」。這的確是事實。但為什麼一緊張說話速度就會變快呢？一緊張的話，呼吸就會變得短淺。在呼吸短淺的狀態下，如果一個字一個字慢慢說，最後可能連話都說不出來。因此，在這樣的狀態下，自然就會加快說話的語速。換句話說，**「說話語速快」正是「呼吸短淺」、「交感神經處於主導地位」、「陷入緊張狀態」的證明**。

所以，像是進行簡報或是演說等，在眾人面前說話時，如果感覺極為緊張，就請意識性地「將說話語速降低三成」。

各位或許會想：「將說話語速降低三成……這樣不會變得太慢嗎？」請放心，雖然意識性地將語速降低三成，但實際上只會「降低一成左右」到最適當的說話語速。如果一開始只有意識性地「降低一成」，那麼實際上說話語速是不會有任何改變的。

為了能夠降低說話語速，大口深呼吸是有必要的。換句話說，光是意識到「降低說話語速」這件事，就可以得到和深呼吸同樣的效果，也就是讓副交感神經處於主導地位。

「加快說話語速」是提高緊張情緒的油門；「降低說話語速」是減緩緊張情緒的煞車。

●製造十五秒的心理準備時間

或者是請在說話過程中，加入十五秒的間隔，就用那十五秒進行深呼吸吧！如果全長是只有三分鐘或五分鐘的演說，那麼加入十五秒的間隔或許顯得過長；但如果全長是三十分鐘或一小時的演講，在切換話題的時機點加入十五秒的間隔，不僅可以讓聽眾稍作整理、消化內容，還能提高聽眾的理解度及滿足度。

對於說話方來說，可能會感到這十五秒的間隔有些長；但對聽眾來說，這十五秒的間隔只有「喘口氣」的時間而已。

另外，對於緊張的說話方來說，就算想要加入「十五秒」的間隔，但實際上可能只有「十秒」左右。「十秒」正好是一個恰當的間隔。

●光是「緩慢表述」就能抑制「怒氣」

「緩慢表述」對於抑制「怒氣」也是相當有幫助。

處理客訴時，經常可見對方怒氣沖沖，用非常快的語速滔滔不絕地說話。由於「怒氣」是比「緊張」讓神經更處於激烈興奮狀態的關係，所以才會造成「說話快速」。

這種時候，很容易受到對方「快速說話」的影響，自己也跟著「加快語速」了起來。在雙方你一言我一語的過程，被捲入對方的「怒氣」之中，導致自己的怒氣也被激了上來。這時如果處理客訴的一方打斷對方的話，會讓對方更加怒不可遏，演變成難以收拾的狀態。這是在許多處理客訴的現場經常看到的事。

面對這種情況，**如果能意識性地「放慢說話語速」，就不會受對方的怒氣所牽制。不管什麼時候，也都能用平常心來應對了**。

「是的……就像您說的一樣……但是……我們這邊……也正積極尋求解決方式……希望做到最完善的處理。」

就像渡部陽一先生一樣，放慢說話語速，感覺就像要把每個字都嚼爛了才肯說出口似地說話方式。這麼做，你會發現不可思議地，不僅對方的說話語速慢了下來，就連對方的怒氣也跟著消退。

在心理學上，將這種反應稱為「情緒感染」。這裡所指的，並非對方將怒氣傳染給我們，讓我們也跟著生氣。而是指冷靜的我方，將這冷靜的情緒傳染給對方，讓對方可以平緩怒氣，跟著冷靜下來。我們所需要做的，就只有「放慢說話語速」這件事而已。

在我的患者中，有時也會有人用「出現了意料之外的結果，你說該怎麼辦！」這種怒氣沖沖的口吻說話。這個時候，請用溫和有禮的態度，並且放慢自己的說話語速來應對。只要這麼做，大約五分鐘就能讓對方的怒氣平復下來。

光是改變說話語速，就能切換副交感神經與交感神經的主導模式，自由控制緊張或是生氣等情緒。「戰地攝影師式緊張緩和法」是一種相當便利的心理技巧。

副交感神經切換術3

放鬆肌肉

不管是奧運還是國際田徑競賽，那些世界一流的運動員在比賽開始前都在做些什麼呢？我想認為他們會在比賽開始前努力熱身的人應該不少。但令人意外地，多數運動員只會做些簡單的伸展體操而已。

這是為什麼呢？因為光是「放鬆肌肉」，就能為心理及身體帶來放鬆效果的關係。當交感神經處於主導時，肌肉會呈現緊繃狀態；當副交感神經處於主導時，肌肉會呈現放鬆狀態。換句話說，只要放鬆肌肉，就可以讓副交感神經處於主導，從「過度緊張」的情緒中得到解放，藉由「適度緊張」幫助你發揮最好的表現。

只要放鬆肌肉，就能得到放鬆。我想這點不用搬出艱深的理論來說明，不管是誰應該都有過這樣的體驗。讓專業的按摩師按摩之後，會感到前所未有的舒適，彷彿得到了療癒。當心理及身體都處在放鬆狀態下時，也會感覺到睏意。透過按摩所帶來的放鬆效果，不管是誰，都應該有過這樣的體驗才是。

那麼，為什麼緊張時肌肉會變得僵硬呢？

「緊張」就像原始人遇到猛獸時，究竟應該選擇「搏鬥」還是「逃跑」？這樣二擇一的情況。但不管是選擇「搏鬥」還是「逃跑」，都有必要將肌肉發揮到最大效用。而交感神經便可使肌肉變得僵硬，抑制血液流往內臟，將血液輸送至肌肉。

可是，當處在過度緊張狀態時，心臟不停狂跳，讓應該送往肌肉的血液過多，導致肌肉變得緊繃，身體也變得僵硬，陷入「肌肉緊張」的狀態。

這種情況的處理方法其實相當簡單。只要利用按摩或是伸展運動，讓肌肉得到放鬆就可以了。**只要肌肉放鬆，副交感神經就可以處於主導地位，此時不僅肌肉處在適度緊張狀態，精神上也會處在「適度緊張」這個適切的狀態。**

考試開始前坐在椅子上時、發表開始前一分鐘站上發表位置時，可以做哪些伸展運動？而哪些伸展運動又可以帶來效果呢？

接下來，我將介紹無論何時何地都可以進行的高效伸展運動。

①轉動脖子

緊張時，容易在脖子周圍及肩膀使力的人很多。這種情況下，最簡單的伸展運動就是轉動脖子了。先將脖子順時針轉動，之後再逆時針轉動。只要重複轉動二～三次，脖子周圍的肌肉就能達到相當放鬆的狀態。

②甩動手指

我做最多的伸展運動，就是甩動手指了。像是要甩開自己的手和手指般，快速地甩動。如果是站著的狀態感到緊張的話，也可以甩動腳尖。將手指和腳尖就像甩鞭一樣地甩動是訣竅。

一緊張的話，肌肉就會變得無法柔軟地進行細部動作。換句話說，如果能夠進行細部動作，代表肌肉正處於放鬆狀態。手指如果可以順暢地甩動，應該就可以解除過度緊張的狀態。

當你感到好像「有點緊張」時，就請試著甩動手指。「甩動手指」是調整「有點緊張」狀態時最好的伸展運動。

③放肩運動

緊張時，很多人的肩膀會不自覺地使力，這會使得肩膀周圍的肌肉變得僵硬。這種狀態下，就算想要「轉動肩膀」，也會因為肩膀僵硬，無法順暢地轉動。如果是手臂或大腿的僵硬，還可以靠著自己來揉捏按摩，但是肩膀肌肉的僵硬，就很難靠自己來按摩了。這個時候，不妨試試「放肩運動」。

一開始，請先做聳肩的動作。將左右兩邊肩膀同時抬起。這個動作會讓肩膀肌肉處於緊張狀態。大約維持三秒後，瞬間放掉肩膀所有的力量，讓雙肩自然落下。「聳肩、放鬆」、「聳肩、放鬆」像這樣重複數次，就可以達到放鬆肩膀肌肉的效果。

過度緊張的人很難靠著自己讓肌肉達到放鬆狀態。但是像這樣，開始時先讓肌肉使力，等到肌肉處在一個緊繃狀態後，再一口氣將肩膀力量全部放掉。藉由這樣的方法，不管是誰，都能在極短的時間內，放鬆僵硬的肩膀肌肉。

「等到肌肉處在一個緊繃的狀態後，再一口氣將肩膀力量全部放掉」是這項伸展運動的訣竅。

「放肩運動」坐在椅子上也能進行，相當適合作為考試開始前的伸展運動。當然，站著的時候也可以進行。放肩運動不管處於任何姿勢下都能進行，所以請在生活中養成這項運動的習慣吧！

④ 放臂運動

如果連「放肩運動」都無法放鬆肌肉的話，就請試試「放臂運動」吧！首先，請將兩手手指交叉，盡可能地伸展並且高舉頭頂。維持這樣的動作持續三～五秒後，再一口氣將手臂及肩膀的力氣全部放掉，讓手臂及肩膀自然落下，並且重複進行數次。

比起「放肩運動」，「放臂運動」的動作要大上許多，所以不只是肩膀肌肉，就連手臂、脖子周圍、背部等更大範圍的肌肉都能在瞬間得到放鬆，可說是比「放肩運動」更加強效的伸展運動。

以上介紹了四項伸展運動。但不管選擇哪項運動，可以讓感到「僵硬」、「動作不順」、「行動笨拙」的部分達到放鬆才是最重要的。

每個人感覺肌肉變得僵硬的部位不同，所以平時就應該多留意有哪些部位的肌肉需要放鬆？有哪些部位的肌肉容易僵硬？只要能事先掌握，等到關鍵時刻，就能確實發揮緩和過度緊張的效果。

⑤穴位按摩

接下來要介紹的「穴位按摩」雖然不能算是伸展運動，但如果能一併了解，一定會有所幫助。可以「緩解緊張的穴位」和「克服恐懼的穴位」——「合谷」及「神門」相當有效。按壓時，請稍微加重力道，大約是用感到「舒服疼痛感」的力道，慢慢且持續地按壓三秒後再放開即可。

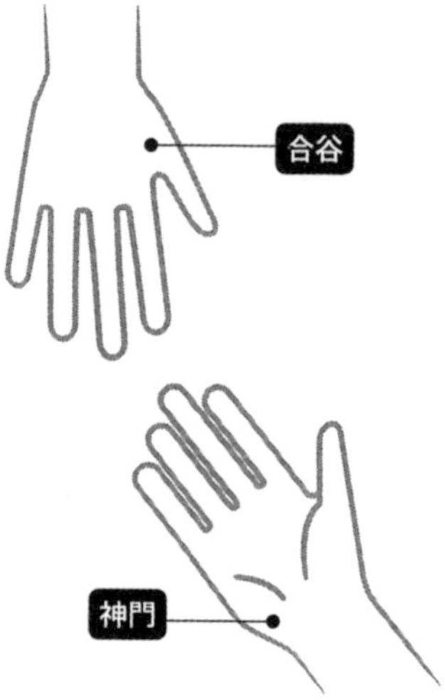

（一）合谷穴

合谷穴位在拇指與食指相會合的凹陷處。如果將拇指及食指展開如剪刀狀時，就相當於直角三角形的直角頂點部位。是個可以安撫情緒、減緩過度緊張的穴位。

此外，合谷穴也能讓因壓力導致疲勞

的自律神經機能恢復正常運作，要說它是「萬能穴位」可一點也不為過。容易過度緊張的人，不只是過度緊張的情況，日常生活中經常按壓也是有幫助。

（二）神門穴

神門穴位在靠近手腕小指側的下方處。與心臟有相當深的關係。從心悸、氣喘，到焦躁、腦部充血等緊張時可能出現的症狀，都可以有效緩和。特別推薦給心臟容易狂跳不停的人。

●伸展運動只要輕度進行即可

據說在運動界有這樣的說法：如果比賽前過度進行伸展運動，會讓瞬間爆發力下降，即使用盡全力衝刺，時間也會不如預期。如果肌肉過度放鬆，就會像「二手衣的橡皮圈」一般，肌肉的伸縮率也會跟著下降。

這裡向各位介紹的伸展運動，是讓過度緊張的肌肉恢復到適性程度的方法。由於這是減緩過度緊張的伸展運動，所以重複進行數次，一旦減緩到「適度緊張」的狀態之後，就請立刻停止。

這在心理上也是一樣，如果長時間進行伸展運動或是按摩，會進入一個比「適度緊張」更加放鬆的「過度放鬆」狀態。由於這會使得腦部的運作低下，所以適度進行這點是重要的。

副交感神經切換術4

笑容

肌肉放鬆，就可以由交感神經切換到副交感神經主導，減緩過度緊張的狀態。前面介紹了放鬆身體肌肉的方法，其實放鬆「臉部」肌肉也可以得到同樣效果。具體來說，只要製造「笑容」就可以了。

過度緊張時，臉部肌肉會顯得僵硬。臉部僵硬、面無表情的狀態，是交感神經處於主導的狀態。而表情柔和、可以自然展現笑容，是副交感神經主導的放鬆狀態。換句話說，只要製造柔和的笑容，就可以讓副交感神經處於主導。

和「深呼吸」並列最簡單，能在最短時間內得出效果的終極緊張緩和法，就是製造「笑容」了。

用十秒笑容減緩過度緊張

光是製造笑容，就能得到放鬆效果。但即使如此，由於這個方法「過於簡單」，不相信這個方法的人不少，所以下面將介紹這個方法的科學研究結果。

在加州大學的研究中，首先請受測者做出某種表情後，再利用類似「測謊器」的裝置來測試並記錄受測者的心跳、體溫、膚電活動及肌肉緊張程度。之後再請測試者不做任何表情，但在心裡進行各種情感的想像。

從實驗結果得知，只要製造笑容，短短十秒鐘，就能讓身體產生如同安心時才會出現的變化。所謂安心時的身體變化，是指心跳數降低，或是肌肉鬆弛、放鬆等狀態。

也就是說，只要製造「笑容」，就能啟動副交感神經的開關。

另一方面，做恐怖表情，也就是「愁眉苦臉」的表情時，也會產生恐怖的身體變化，像是肌肉變得僵硬，或是體溫下降等。製造恐怖表情，將會啟動交感神經的開關。

雖然在回想或是想起過去的體驗時，也可以觀察到身體會產生同樣的變化，但卻要花上「三十秒」的時間。相較之下，製造「笑容」只要短短十秒就可以達到效果。

也就是說，當你處在過度緊張的狀態時，只要製造笑容並且維持十秒，就能啟動副交感神經的運作，減緩過度緊張的情緒。

「用十秒笑容減緩過度緊張」真的是個很棒的研究。

另外，在威斯康辛大學的研究中，請受測者收縮製造笑容的肌肉後發現，光是模仿微笑的樣子，就很難對他人產生「生氣」的情緒。由此可知，笑容也有抑制負面情緒的效果。

笑容可以促使血清素分泌

關於具有療癒效果的腦內物質「血清素」，將會在第三章詳細說明。光是製造「笑容」，就可以促進血清素分泌。如果要說明理由的話，那是因為血清素是由表情肌（製造臉部表情的肌肉）控制的關係。換句話說，**只要製造「自然的笑容」，就能誘發血清素的分泌**。

憂鬱症患者的臉上彷彿戴上面具般毫無表情，完全無法從他們的臉上看到笑容。憂鬱症這種疾病，就是因為腦內的血清素處在低下，甚至是枯竭狀態所引起的。也因為如此，憂鬱症患者無法控制表情肌，才會變得面無表情，也無法展現笑容。

笑容不只可以促使血清素分泌，也可以促使多巴胺（Dopamine）及腦內啡（Endorphin）

等各種腦內物質的分泌，讓身體產生治癒的變化。

如果腦內分泌有幸福物質之稱的多巴胺，就會讓人產生幸福感。如果有腦內麻藥之稱的腦內啡，那麼像是感謝、感動這些幸福感就會達到最大程度。此外，笑容不僅可以降低壓力荷爾蒙，還可以讓血壓或是血糖值降低。血壓下降正是副交感神經處於主導的證明。

有效的笑容鍛鍊 實踐篇

接下來，就請大家一起來製造滿臉的笑容吧！一、二、三，開始！

好的，大家是否已經製造出「滿臉笑容」了呢？我想這應該不是件容易的事情吧！

如果能做出「滿臉笑容」的話，那麼過度緊張的情緒就能在瞬間得到減緩。但令人意外的是，能夠立即做出「滿臉笑容」的人並不多。

所謂立即做出「滿臉笑容」的人，是像大合照時，數完「一、二、三」後，便能立即展現滿臉笑容，將最完美的笑容保留在相片中的人。這對模特兒或是演員來說絕非難事，但對一般人來說，卻是個相當困難的技能。

可是我卻能夠做到。為什麼呢？那是因為我每天都會做「笑容鍛鍊」的關係。模特兒也必須進行笑容鍛鍊。至於演員，則必須做各種不同表情的鍛鍊。

雖說「製造笑容」並不是件容易的事，但如果能在日常生活中就開始進行「笑容鍛鍊」，漸漸地不管在任何時間點，你都能做出笑容的。

笑容鍛鍊的時機 1

刮鬍子、化妝時

每天，我都會趁刮鬍子時進行笑容鍛鍊。使用電動刮鬍刀刮鬍子大約需要三分鐘，而這三分鐘正好是個空閒時間。因為刮鬍子時也會照鏡子，所以是進行笑容鍛鍊的最佳機會。一面看著鏡子，一面試著進行滿臉笑容的鍛鍊。

換作是女性，我想應該就是化妝了。就請一面化妝，一面進行笑容鍛鍊吧！補妝、洗手間照鏡子時，都是鍛鍊笑容的機會。我想一天應該會有超過三次以上照鏡子的機會，所以一天應該也有超過三次鍛鍊笑容的機會。如果每天持續下去，漸漸地就能在瞬間做出自然的笑容了。

笑容鍛鍊的時機2

自拍／團體照

會將手機裡的自拍照上傳到社群網站的人應該不少。自拍時，也請試著進行「滿臉笑容」的鍛鍊吧！

我也會將自拍照上傳到Facebook。自拍時，要做出「滿臉笑容」並不是件容易的事。如果身旁有人可以幫我們拍照，自然可以輕鬆展現笑容。但如果只有自己一個人的話，不只氣氛有些冷清，表情也會變得僵硬。也因為如此，才可以看出「鍛鍊」的效果。

不只是自拍，就連拍攝「團體照」時也是鍛鍊笑容的機會。團體照中，經常出現表情僵硬或是剛好拍下閉眼瞬間的畫面。不擅長參與團體照拍攝的人大有人在，而這些人就是不擅長控制表情肌的人。換句話說，**就是不擅長在瞬間做出笑容的人。就結果來看，也意味著他們「不擅長控制自己的情緒」**。那些經常無法在照片中展現自然表情的人，確實有必要進行笑容鍛鍊。

如果能在數完「一、二、三」後的瞬間展現自然笑容，那麼即便是在非常緊張的場面，也能瞬間展現笑容，緩和過度緊張的情緒。

笑容鍛鍊的時機 3

日常會話

總是滿臉笑容的女性不只看起來可愛，每當有她在場時，氣氛也會變得開朗。而總是滿臉笑容的男性，不只會提高好感，和藹親切的態度，也會讓人喜歡與他親近。沒錯，**「笑容」就是「與人溝通的潤滑劑」。不只可以解除緊張情緒，也能緩和對方的緊張情緒，讓氣氛變得輕鬆柔和。**

如果將「笑容多的人」與「不苟言笑的人」相比，肯定前者容易得到他人的好感，成為受人喜歡的人。因此，我們平時就應該以笑容待人。總而言之，「笑容多」這件事，只有好處，沒有壞處。

職場中與人溝通，或是朋友之間談天時，要隨時意識到「笑容」這件事，提醒自己必須盡可能以「笑容」待人。平常就應該要從與人會話或是溝通等日常生活中，進行笑容的鍛鍊。

在日常生活中經常展現笑容，就相當於經常進行表情肌鍛鍊或是副交感神經鍛鍊。習慣之後，自然就「不容易過度緊張」或是「即使緊張也能掌控自己的情緒」。

笑容鍛鍊的時機4

使用智慧型手機時

只要觀察電車中使用手機的人的表情就可以發現，幾乎所有人都是呈現一副嘴角下垂、「愁眉苦臉」的表情。根據我在電車裡的觀察，會一邊使用智慧型手機、一邊展現笑容的比例，每五個人大約只會有一個人。此外，或許是在跟男朋友（女朋友）傳送訊息的關係吧，會滿臉笑容使用智慧型手機的比例，大約十個人中只有一個人。

智慧型手機真有那麼無趣嗎？如果會讓人變得愁眉苦臉、一臉不開心的話，那還是不要用比較好。這在掌控緊張的腦科學上的意義也是一樣。

前面介紹的笑容研究中，說明了「愁眉苦臉」是屬於「恐怖」表情。嘴角下垂的「愁眉苦臉」，是不安、恐怖、緊張的表現。而嘴角上揚的「笑容」，則是恰好相反的狀態。

如果說笑容鍛鍊是減緩緊張的鍛鍊，那麼「愁眉苦臉」就成了製造「緊張狀態」的練習。持續三十分、一小時用「愁眉苦臉」的表情使用手機，就等於是在腦中刻印下「緊張狀態」的訊息。這也會帶給腦部相當不好的影響。

根據美國達特茅斯學院的研究發現，注射肉毒桿菌（神經麻痺藥）可以麻痺形成「愁眉苦臉」表情時所必要的肌肉，也可以抑制因做出「生氣表情」而促使杏仁核

（Amygdala）的活動。即便在給予相同的情緒刺激之下，做出「愁眉苦臉」表情和沒有做出「愁眉苦臉」表情兩者的情況相比，沒有做出「愁眉苦臉」表情的情況，可以降低杏仁核的活動。換句話說，不容易感到緊張。

因此，使用手機時，請經常意識性地帶著「笑容」。千萬不要做出「愁眉苦臉」的表情。要經常保持微笑地使用手機。如果一天花一小時使用手機，那麼一天就可以用一小時的時間進行笑容鍛鍊。如果一天花三小時使用手機，那麼一天就可以用三小時進行笑容鍛鍊。只要能做到這樣，就可以稱得上是「笑容」達人了。

笑容鍛鍊的時機5

咬衛生筷

即便進行笑容鍛鍊還是無法做出自然笑容、笑容依舊僵硬、無論如何就是做不出自然笑容的人，我想大有人在。有這樣困擾的人，建議從咬衛生筷開始。

請用嘴巴咬住橫向放入的衛生筷。一天只要一分鐘，每天持續不斷地進行。

無法做出笑容的人，表情肌也會開始退化，變得缺乏彈性。因此，為了鍛鍊表情肌，可以借助「咬衛生筷」的方式。

或許有人會質疑，像個笨蛋一樣在嘴裡「咬衛生筷」真的有意義嗎？但光是「咬衛生筷」這個動作，就可以在腦中產生和「製造笑容」一樣的科學變化。經研究證實，這麼做可以促進血清素、多巴胺、腦內啡的分泌，或是達到放鬆的效果。

而且，「咬衛生筷」這個鍛鍊方式，在許多「笑容美人養成術」的相關書籍中也經常被介紹，所以請務必嘗試看看。

如同上述的介紹，一天之中可以鍛鍊笑容的機會非常多，所以不要再做出「愁眉苦臉」的表情，要經常意識性地做出「笑容」，而這也是「成為不會過度緊張的人」的根本鍛鍊方法。

● 瞬間解除發表開始時過度緊張的方法

對於不擅長在眾人面前進行發表演說的人來說，要發出開始時的「第一聲」，應該是極為緊張的吧！可是一旦開始之後，過度緊張的情況就會慢慢減緩。如果說開始時的「第一聲」是緊張的最高點，我想這一點也不誇張。

面對這緊張的最高點，也就是要發出開始時的「第一聲」，其實是有能在瞬間達到減緩的方法。

那就是，**第一聲用精神抖擻、滿臉笑容的方式，對著眾人說「大家好」**。我在研討會或是演講中，一定都會滿臉笑容地用「大家好」來開場。

有實際試過的人一定可以理解，雖然只是簡單地一句話，但如果能確實展現笑容，過度緊張的狀態也會在瞬間消失得無影無蹤。

演說開始前的一分鐘，應該也是非常緊張的時刻。這時請提醒自己要把注意力集中在「開始時的第一聲，一定要滿臉笑容地對著台下聽眾說『大家好』」這件事情上。只要這麼做，心中的不安或是雜念也會頓時消失不見。

笑容滿面地對著台下聽眾說「大家好」這個方法，對於平常就有在做笑容鍛鍊的人來說，是件很容易的事。就算想要失敗也不容易。

當你精神抖擻、笑容滿面地對著台下聽眾說「大家好」時，台下聽眾也會回應你「你好」或是熱烈的掌聲，頓時會場的氣氛也就這麼緩和了起來。

只要花一秒鐘用笑容簡單說出一句話，就能在瞬間緩和過度緊張。

●終極緊張緩和法——「變臉」

如果無論如何就是無法做出笑容，沒關係，還有其他方法，那就是「變臉」。可是，這個方法不是一個人進行，要兩人或是在團體中一起進行才會得到顯著效果。

那麼，這到底是什麼方法呢？其實就是變臉競賽。「來，現在開始大家一起做出鬼臉吧！開始！」一聲令下，大家開始了鬼臉競賽。只要有試過的話就一定會知道，大家做完鬼臉後，一定會彼此大笑。而這時，「笑」這個東西就這麼產生了。

其實，我也曾在「緊張研討會」中舉辦過「變臉競賽」。原本緊張凝重的氣氛瞬間變得輕鬆活潑，每位參加者的臉上都是堆滿笑容。

想要刻意「做出笑容」，反而會讓表情變得僵硬。如果用「變臉」這個方法，大家在做完鬼臉之後，自然可以展現笑容，過度緊張的狀態也就自然得到緩解。

再以高中足球隊為例。十分鐘後重要比賽即將正式開始。參加比賽的選手，每個人都因為過度緊張，身體似乎有些伸展不開來。選手休息室裡就這麼瀰漫著如同喪禮上的氣氛。這時就算領隊和教練再怎麼勸導大家「放輕鬆點！」，肯定還是無法消解選手們的過度緊張。這時如果可以進行「變臉競賽」，氣氛肯定會為之一變。

當然，一個人獨自進行變臉也是有效果的。只是如果只有一個人，那就不是「變臉競賽」，而是「變臉鍛鍊」了。有過實際一個人一邊看著鏡子、一邊進行變臉經驗的話就會知道，意外地很難做出有趣的表情。之所以會這樣，是因為臉部肌肉僵硬，以至於無法依照所想的去做出變化。可是只要不斷重複地進行，並且多做一些不同表情的練習，慢慢地臉部肌肉會變得不再僵硬，讓你可以做出各種有趣的臉部表情。事實上，變臉鍛鍊也是一種表情肌的鍛鍊。

所以，當你做出「笑臉」仍舊無法解除過度緊張，最終的手段，就是試著「變臉」看看。

副交感神經切換術5 睡眠

● 睡眠不足的人容易過度緊張

睡眠非常重要，在我的著作中一定會提到「睡眠」的重要性。就連在討論「如何掌控緊張」時，「睡眠」也有著相當重要的意義。

過去曾有一項研究顯示，處在睡眠不足的情況下，情緒控制力會變得薄弱。因為一旦睡眠不足，交感神經便會處於主導。一般來說，平均睡眠時間不到六小時，會陷入睡眠不足的狀態。而這些人可說是經常由交感神經在主導。大致上來說，「睡眠不足的人是容易過度緊張的人」。

另外，根據某項研究報告顯示，睡眠時間未滿六小時，也就是睡眠不足的人，罹患高血壓的風險是二．五倍。而睡眠時間未滿六小時的失眠症的人，罹患高血壓的風險是五．一倍。

在哈佛大學的研究中，以睡眠時間在七小時以下且有高血壓傾向的二十二位男女為對象，觀察他們在六週裡，每天睡眠只要增加一小時的身體變化。結果發現，血壓降低了八～十四mmHg。而且，就算一天的睡眠時間只有增加三十五分鐘，也能得到降低血壓的效果。也就是說，只要增加三十五分～一個小時的睡眠時間，就能改善高血壓的問題。

高血壓的問題背後，也與交感神經處於主導有著關係。透過這些研究可以得知，睡眠不足會致使交感神經處於主導，並且引來血壓上升的問題。

換句話說，**睡眠不足的人站在副交感神經與交感神經的天秤上時，即使平常時候，也會大幅度傾向交感神經的一端。在這種情況下，一旦面臨考試、演說等容易「過度緊張的**

場面」時，很容易讓自己的緊張計速器一下就飆升到一百公里。

一項利用國立精神．神經醫療研究中心的機能性MRI所進行的研究顯示，睡眠不足會導致掌控不安、恐懼等情緒的杏仁核活動亢進。所以在睡眠不足的狀態下，會比平常時候更加容易感到緊張、不安。

由此可知，睡眠不足是造成過度緊張的一項重大原因。

因此，容易過度緊張的人，請先讓睡眠時間超過七個小時以上吧！

正式上場前一天禁止熬夜！

不只是長期性的睡眠不足，就算是一次性的熬夜，也會讓交感神經明顯處於優勢。很多人在徹夜通宵後，可能會感到莫名地興奮，情緒變得有些高昂，這是因為睡眠不足導致交感神經處於主導的關係。

「考試前幾天徹夜不睡，挑燈夜讀」、「演說前一晚，為了準備資料熬夜不睡」，我想很多人都曾經這麼做過。由於正式上場前一晚的熬夜，會啟動交感神經的開關，所以如果熬夜不睡的話，就像是給自己製造了一個過度緊張的根源。因此，過度緊張的人，正式上場前一晚絕對禁止熬夜，並且請確保睡眠時間超過七個小時以上。

副交感神經切換術6

善用飲食及嗜好品

①喝水

不管是深呼吸也好，伸展運動也好，感覺都有些麻煩。難道就沒有更簡單、立即見效的減緩緊張方法嗎？有的，而且也是非常簡單的方法。

那就是「喝水」。

我們經常可以從電影或是連續劇中，看到有人會對劇中情緒亢奮的人說「總之，先喝點水」之類的畫面，也常聽到「喝口水可以讓情緒恢復穩定」這樣的話。這些可不是什麼都市傳說，或是不知從哪兒聽來的謠言，這些可都是有醫學根據的。

喝水時，由於「胃結腸反射」的關係，會讓腸道產生蠕動。而腸道蠕動時，會讓副交感神經處於主導。換句話說，光是喝水，就能讓副交感神經處於主導。也因為如此，喝水有助於緩和過度緊張的情緒。

受邀演講時，主辦單位一定會在演講台上為講者準備水壺及杯子。感到緊張時，只要喝口水，就能緩和過度緊張的情緒。

②進食

空腹時是交感神經積極活動的時候。如果從生物學的角度來考量，空腹時勢必要捕食。所以這時的覺醒度會上升，集中力也會提高，以便四處尋找獵物。也就是說，為了順利獲取獵物，身體機能必須提高才行。

另一方面，進食之後，為了消化，腸道也會開始蠕動。腸道蠕動時，會讓副交感神經處於主導。換句話說，**空腹時由交感神經主導；飽腹時則由副交感神經主導**。

因此，容易過度緊張的人，為了可以切換至副交感神經主導，請避免讓自己處在完全空腹的狀態，簡單吃點食物會比較好。

只是，如果吃得太飽，也容易產生睏意。那是因為空腹荷爾蒙的食慾素低下的緣故。因此，正式考試或是演說前，就算進食也請維持在八分飽即可。

此外，進食時必須咀嚼，咀嚼這個動作有助於血清素的活性，所以會感到比較放鬆。

藉由進食，不僅可以切換成由副交感神經主導，還可以促進血清素的分泌，真是一石二鳥啊！

③ 咖啡

很多人都聽過「咖啡有助於放鬆心情」這樣的話吧！所以，很多人會選擇在容易出現過度緊張的活動之前來上一杯咖啡。可是，對於那些「過度緊張的人」來說，建議還是不要喝比較好。

咖啡是一種會提升覺醒度的飲料。早上一杯咖啡，會讓昏沉的腦袋變得清醒，轉為臨陣上場的模式。又或者是晚上感覺睏意時來杯咖啡，可以趕走睡意，重振精神。

這裡所說的「覺醒度」，是葉杜二氏法則（圖一）中水平橫軸的部分。也就是說，藉由喝咖啡可以提升覺醒度，往圖一右側的「緊張」方向前進。**咖啡中含有的咖啡因，也具有讓交感神經興奮、血壓上升的作用**。

因此，對於「緊張」來說，咖啡這種飲料非但不具有煞車作用，反而具有加速作用。

我們經常可以聽到「經科學證實，咖啡具有放鬆效果」這樣的說法。其實那是針對咖啡「香氣」的研究。咖啡不只具有「香氣」，也會讓人想要實際品嘗，這時咖啡因的「覺醒作用」也會明顯地反映出來。

早晨起床後來上一杯咖啡，可以讓昏沉的腦袋變得清醒。當你的緊張計速器落在〇～二十公里的區間，或者是情緒低落的狀態時，來上一杯咖啡，就如同踩上油門，因而恰好落在緊張與放鬆間的「適度緊張」這樣的平衡狀態也說不定。

咖啡因的半衰期，大約需要六個小時。但這並非意味六小時後，體內的咖啡因就可以完全被代謝，排出體外；而是指六小時之後，咖啡因在血液中的濃度，會降低至原有的一半狀態。也因為如此，如果就咖啡因對睡眠的影響這點來看，一般會認為**下午兩點以後就不要攝取咖啡因會比較好**。雖然是幾個小時前喝的咖啡，但它卻可能對你當下的狀態產生影響。

咖啡是會讓情緒變得亢奮的飲料，所以對「過度緊張的人」來說，要盡可能避免。

④ 洋甘菊茶

除了咖啡，也有「洋甘菊茶具有放鬆效果」這樣的說法。

根據天使大學的研究，飲用洋甘菊茶後，無論是腦波中的α波測定、唾液澱粉酵素的活性程度，或是利用「不安感評分」所測得的情緒狀態等，都顯示具有減輕壓力的效果。

洋甘菊中含有提高副交感神經運作、減輕壓力的效果。

⑤精油（薰衣草）

此外，我們也經常聽到草本、精油等具有放鬆效果的說法。關於精油，也有許多以薰衣草作為研究對象的相關論文。根據這些研究資料顯示，薰衣草精油具有提升副交感神經運作、降低血壓、降低體溫、增加α波、鎮定及減緩不安等效果。

如果經常身處在容易過度緊張的場合時，就請隨身攜帶具有薰衣草香氣的東西。因為這是很容易準備的，相當值得一試。

副交感神經切換術7

調整自律神經失調

前面介紹了深呼吸、伸展運動、製造笑容等，多種可以啟動副交感神經開關的緩和過度緊張方法。但我想即使全部實際執行過後，還是會有人「無法掌控過度緊張的情緒」。也就是這些人無法順利從交感神經主導切換至副交感神經主導。有這樣困擾的人，恐怕也有著自律神經失調的問題。

因為自律神經嚴重紊亂，以致於出現各種症狀的狀態也稱為「自律神經失調症」。出現自律神經失調時會反應在身體上的症狀，包括了慢性疲勞、疲倦、頭暈、頭痛、心悸、感覺發燒、失眠、便祕、腹瀉、微熱、耳鳴、手腳麻痺、嘴巴及喉嚨的不適感、頻尿、殘尿感等。同時也會出現煩躁、不安感、疏離感、心情低落、沒有幹勁、感到憂鬱、情緒起伏大、感覺焦躁等精神上的症狀。所以，如果有出現上述幾種症狀的人，當心可能已經罹患自律神經失調症。

就算尚未到達自律神經失調症的程度，但只要稍微受到外界壓力或是內心承受壓力，就會出現心臟狂跳、臉部發熱、腹部絞痛、容易腹瀉等症狀。容易因為「壓力」導致身體出現不適的人，自律神經出現紊亂的可能性很高。

只要遇到一些事情，很容易就會啟動交感神經的開關，並且很難再恢復到副交感神經主導的模式。有這種「自律神經紊亂」問題的人，就算前面介紹的**「深呼吸」**、**「伸展運動」**、**「製造笑容」等方法都做過一遍，恐怕也很難得到效果**。原因是他們的「交感神經處在一個難以控制的狀態」。

對這些人來說，重新調整紊亂的自律神經是有必要的。

調整自律神經紊亂的常見方法，就是「生活規律」及「解除壓力」。

因為晚睡或是熬夜造成起床時間及就寢時間產生混亂時，很容易出現自律神經紊亂的情況。確實釐清自己的壓力源並且加以屏除，做好壓力管理是必要的工作。

有關調整自律神經紊亂的方法，下面將介紹不管是誰都能輕鬆進行的「單鼻呼吸法」、「自律神經訓練法」以及「睡眠鍛鍊」。

諾貝爾獲獎學者推薦的「單鼻呼吸法」

因為過敏性鼻炎的關係，所以不知道是我的左側還是右側有著鼻塞困擾。過去我一直很羨慕「不管什麼時候，都能用兩側鼻孔自在呼吸的人」；可是讓我驚訝的是，直到最近我才知道，原來單側鼻塞居然是件正常的事情。

為了防止鼻腔黏膜乾燥，在自律神經的作用下，鼻腔黏膜每隔二～三小時就左右交互膨脹一次，這被稱為「鼻週期」（nasal cycle）。沒想到就生理上來看，單側鼻塞竟然是正常的反應。

進行「單鼻呼吸法」，就能調節自律神經。「單鼻呼吸法」在瑜伽中稱為「鼻孔交替呼吸法」，也是瑜伽六大呼吸法中的一種。

瑜伽中，有「鼻子右側由交感神經掌管、鼻子左側由副交感神經掌管」的說法。用單側鼻子輪替進行呼吸，除了可以調整左右兩側鼻子的呼吸平衡之外，還可以同時調整交感神經與副交感神經的平衡。

進行鼻呼吸時，在鼻腔黏膜上會產生一氧化氮。一氧化氮具有讓血管擴張的作用。當血管擴張時，氧氣及營養便可傳達至腦部及全身各處，調整自律神經。

進行鼻呼吸時，鼻腔中會產生一氧化氮的累積，從鼻腔黏膜相較容易進入體內，除了可以調整自律神經之外，也有著各式各樣的健康效果。

一九九八年時，由於羅伯・佛契哥特博士、路易斯・伊格納洛博士及費瑞・穆拉德博士發現一氧化氮是心血管系統用來傳遞訊息的重要分子，因此獲頒諾貝爾生理醫學獎。也因為如此，「鼻呼吸」也被稱為「諾貝爾呼吸」。而四千年前流傳至今的瑜伽呼吸法，也因而得到了最新科學的驗證。由此可見，單鼻呼吸法的效果及其可信度是相當高的。

一氧化氮擔負著調整血壓、維持恆常性、神經傳達、免疫機能、呼吸機能等重要任務。經由研究證實，透過鼻呼吸、單鼻呼吸可以促使一氧化氮增加，有助血壓、膽固醇下降，預防高血壓、心臟病發、動脈瘤、動脈硬化及提高免疫力的作用。

單鼻呼吸不僅可以作為日常生活中鍛鍊鼻呼吸的一種方式，透過鼻呼吸也能改善睡眠障礙、打呼及鼻塞等問題。

●單鼻呼吸的方法

有關單鼻呼吸的方法，似乎有數種說法。下面向各位介紹我本身所使用的方法：

一、右手拇指放在右側鼻翼上，右手食指放在左側鼻翼上。

二、右手拇指按壓右側鼻翼，只利用左側鼻孔進行吸氣。

三、接著用右手食指按壓左側鼻翼，鬆開右手拇指，利用右側鼻孔將氣吐出。

四、維持同樣狀態，利用右側鼻孔吸氣。

五、右手拇指按壓右側鼻翼，鬆開右手食指，利用左側鼻孔將氣吐出。

六、上述動作重複進行約五～十分鐘。

吸氣時，請用四、五秒吸氣；吐氣時，請用八～十秒以上吐氣。

像這樣，進行意識自己橫膈膜位置上下移動的腹式呼吸。

單鼻呼吸除了用手按壓鼻翼之外，其他部分就像介紹「深呼吸」時和大家說明的方法一樣。

順便一提，我經常在等電車或者是走路時進行單鼻呼吸。尤其是「鼻塞」的時候，只要五分鐘就能得到舒緩的效果。

圖六 —— 單鼻呼吸的方法

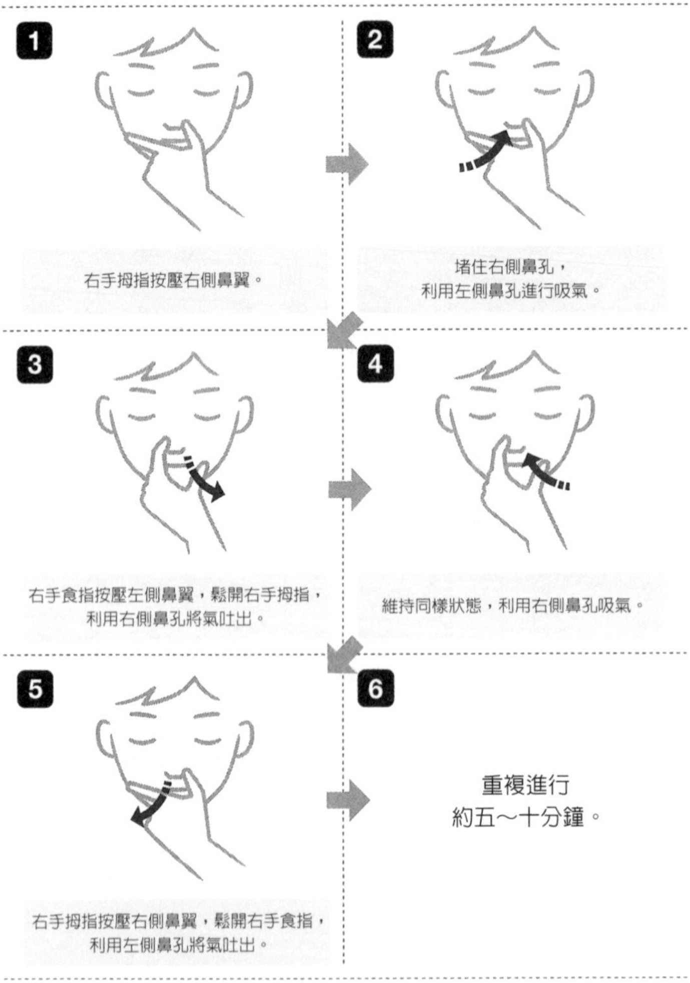
1
右手拇指按壓右側鼻翼。
2
堵住右側鼻孔，
利用左側鼻孔進行吸氣。
3
右手食指按壓左側鼻翼，鬆開右手拇指，
利用右側鼻孔將氣吐出。
4
維持同樣狀態，利用右側鼻孔吸氣。
5
右手拇指按壓右側鼻翼，鬆開右手食指，
利用左側鼻孔將氣吐出。
6
重複進行
約五～十分鐘。

有百年歷史根據的「自律神經訓練法」

自律神經訓練法是德國精神科醫師舒爾茲（Johannes Heinrich Schultz）從一九二〇年代開始，以催眠狀態的科學分析為基礎所創始。不管是誰都能藉由一己之力進行體系化的自我催眠法練習，同時也是一種舒緩技巧。這個方法經整理後，於一九三二年時出版，書名為《自律訓練法》（*Das Autogene Traininng*）。經確認，這個方法對於舒緩壓力、改善自律神經失調症、身心症、神經症、恐懼症等具有效果。

自律神經訓練法從開發至今以來約有百年歷史。在多數研究及論文中，也都已經證實了這個方法具有效果。具體來說，只要持續進行這個方法，不僅可以產生「降低不安」、「穩定情緒」等心理變化，同時也會產生「心跳下降」、「皮膚溫度上升」、「肌肉放鬆」等生理變化，提高自然療癒力。

自律神經訓練法就是「自我控制」的訓練法。透過這個方法，可以漸漸去控制自己身體的感覺，相當推薦給「無法控制緊張情緒」的人。

自律神經訓練法的具體方法

最為一般的自律神經訓練法，包括背景公式以及從第一公式到第六公式，合計總共有七個公式。剛開始的階段，只要進行到第二公式即可。等到習慣之後，再從第三公式開始追加進行就可以了。

首先，在一個讓自己感到平靜的場所，穿著寬鬆服裝，坐在椅子或是沙發上。或者是雙手、雙腳微微張開，呈現仰躺的放鬆姿勢。

第一公式是要去感受手腳「重量」的重感練習；第二公式是要去感受手腳「溫度」的溫感練習。

進行第一公式的練習時，請在心中重複告訴自己「我的右手臂很重」，接著再慢慢去感受右手臂的重量。當你感覺到右手臂的重量之後，再換成左手臂的練習，同樣在心中重複告訴自己「我的左手臂很重」。在第一公式中，請依照「右手臂很重」、「左手臂很重」、「右腳很重」、「左腳很重」、「兩臂很重」、「兩腳很重」、「兩臂兩腳很重」這樣的順序來進行。

進行第二公式的練習時，請同樣依照「右手臂很溫暖」、「左手臂很溫暖」、「右

表三 —— 自律神經訓練法的「標準練習」公式

練習階段及名稱	公式內容
背景公式（安靜練習）	內心平靜
第一公式（重感練習）	手臂（腳）沉重
第二公式（溫感練習）	手臂（腳）溫暖
第三公式（心臟調整練習）	心跳平穩
第四公式（呼吸調整練習）	呼吸順暢（呼吸輕鬆）
第五公式（腹部溫感練習）	腹部溫暖
第六公式（前額涼感練習）	前額舒適涼快

腳很溫暖」、「左腳很溫暖」、「兩臂都很溫暖」、「兩腳都很溫暖」、「兩臂兩腳都很溫暖」這樣的順序來進行。

最後，不要忘記進行解除動作。所謂解除動作，就是將自己從公式練習中感受到的放鬆狀態反饋到自己的日常生活，讓身心能夠恢復到原有狀態的簡單運動。進行時，請依照「兩手握拳放鬆運動」、「兩肘彎曲伸展」、「背部伸展」、「張開眼睛」這樣的順序來進行。

比起進行一次長時間的練習，不如一次數分鐘、一天進行數次要來得更有效果。等到習慣之後，即使身處嘈雜、令人難以感到平靜的場所也可以進行。

一般認為，透過自律神經訓練法所帶來的舒緩、減緩不安效果，大約可以維持一～二週的時間。但是要確實學會這套訓練法，大約需要二～三個月的時間。所以，持續練習是很重要的。

網路上有許多關於這套練習法的解說，有興趣想要了解更多的人，只要檢索就可以得到參考資料。

睡眠訓練

自律神經與睡眠之間切不斷的關係

自律神經失調的症狀會顯現在不容易入睡、無法熟睡等睡眠障礙上。為了可以熟睡，從「日間神經」的交感神經切換到「夜間神經」的副交感神經是有必要的。但自律神經紊亂的人，由於無法順利切換交感神經與副交感神經，所以會出現睡眠障礙的問題。

我在「副交感神經切換術5」的「睡眠」一項中曾經提到，睡眠不足會致使交感神經處於主導，所以「容易過度緊張的人，請先讓睡眠時間超過七個小時以上」。

睡眠不足會導致自律神經出現紊亂。自律神經一旦紊亂，就會引起睡眠障礙。由於「自律神經紊亂」與「睡眠障礙」就像兩個滾動的輪子，彼此密切地牽引著，所以睡眠不足導致自律神經紊亂，或者是自律神經紊亂導致夜晚無法入眠，就形成了一種「負螺旋」的關係。

如果想要切斷這種「負螺旋」的關係，應該怎麼做才好呢？

那就是要做到「熟睡」這件事。由於自律神經紊亂的人，根本很難進入「熟睡」程度。所以，為了可以慢慢做到「熟睡」，付出努力及鍛鍊是有必要的。在這裡，我將為了熟睡所進行的鍛鍊，稱為「睡眠訓練」。

從交感神經切換到副交感神經，就可以打開「睡眠」的開關。換個說法，將為了調整自律神經所進行的睡眠訓練，換成「容易入睡的訓練」也未嘗不可。

也就是說，為了「容易入睡」所付出的努力及鍛鍊，會讓你的自律神經慢慢得到改善。而自律神經得到調整後的證據（結果），就是不但變得容易入睡，也能進入熟睡狀態。

幾分鐘内稱得上是「容易入睡」？

人們常說的「容易入睡」與「不容易入睡」，究竟是以什麼樣的基準來判斷呢？從鑽進被窩開始到進入睡眠狀態的這段時間，如果用專業用語來表示，稱之為「入睡耗時」。當「入睡耗時」在十分鐘以下，就可以稱得上是「容易入睡」。但如果「入睡耗時」是在三十分鐘以上，就是「不容易入睡」。

「入睡耗時」在十分鐘以下，就是健康的睡眠。但如果「入睡耗時」在三十分鐘以上，就可能有「入睡障礙」（不容易入睡的睡眠障礙）的問題。根據某項研究顯示，「入睡耗時」在八分鐘以下的人，似乎占了整體的百分之三十左右。由此可見，「容易入睡」的人比我們想像中要多很多。

那麼，你的「入睡耗時」是幾分鐘呢？如果不清楚自己「入睡耗時」的人，不妨利用智慧型手機的「睡眠App」（例如：「Sleep Meister」、「Sleep Cycle」等）來測試。如果測試結果是入睡耗時超過三十分鐘，那麼接下來的「睡眠訓練」對你來說則是有必要的。首先，請以三十分鐘以下為目標，等到目標達成之後，再以「健康睡眠」的十分鐘以下為目標吧！

睡眠訓練的實際演練

「睡眠訓練」聽起來似乎讓人感覺是件辛苦的事。但實際上所要做的，就只有「讓自己從睡前兩個小時開始處於放鬆狀態」這樣而已。

讓自己從睡前兩個小時開始處於放鬆狀態，就能讓交感神經自然地切換到副交感神經，這麼一來自然就可以進入熟睡狀態。睡前的兩個小時，可以說是「放鬆的黃金時段」，是我們一天當中，最應該放鬆的時段。如果能好好運用這睡前兩個小時的「放鬆的黃金時段」，就可以進入深沉睡眠，解除疲勞及壓力，讓自己恢復到原本狀態，隔天也能再度精神奕奕地全心投入工作。

但如果睡前兩個小時無法處於放鬆狀態的人，由於疲勞及壓力無法完全解除，所以疲勞及壓力也就這麼持續地累積下去。等到某一天，可能會突如其來地以憂鬱症這樣的心理疾病，或是腦血管意外這類的身體疾病發病也說不定。

雖說是睡眠訓練，但具體來說，只要在睡前兩個小時避免進行下列九個行為就可以了：

一、用餐；
二、喝酒；
三、激烈運動；
四、洗熱水澡；
五、視覺性娛樂（玩遊戲、看電影）；
六、看發光物品（手機、電腦、電視）；
七、待在明亮場所（有日光燈的職場、便利商店等）；
八、攝取咖啡因（咖啡、紅茶、烏龍茶）；
九、抽菸。

雖說是「只要在睡前兩個小時避免就可以了」，但會不會有很多人在睡前兩個小時進行著上述一半以上的行為呢？

相反地，可以推薦給各位在睡前兩個小時從事的行為有下列七個：

一、悠閒地度過；

二、悠閒地泡個溫水浴、足浴；

三、伸展運動之類的輕運動；

四、和家人交流；

五、聽令人放鬆的音樂；

六、閱讀；

七、與寵物玩耍。

總之，只要悠閒或是慢吞吞地度過就可以了。

很多人即使結束工作回到家之後，還有很多事得去處理。但如果睡前兩個小時還像小白鼠一樣東跑西跑忙個不停的話，會讓你在交感神經處於主導的情況下進入被窩，心理及身體也如同白天時的狀態。如此一來，不僅會影響睡眠品質，也無法消除累積的疲勞。

如果「讓自己從睡前兩個小時開始處於放鬆狀態」在執行上真有困難，那麼希望至少有一個小時是可以讓自己放鬆度過的。

前面已經向各位介紹過的呼吸訓練或是自律神經訓練法等，在睡前進行的話，同樣具有舒緩的效果，相當推薦給各位。

交感神經掌管「活動」，副交感神經掌管「放鬆」。一整天都在活動的人，由於交感神經使用過度，自律神經的平衡狀態也會變得越來越不理想。所以要有意識地製造放鬆時間，讓身體和心理的緩急可以取得一個平衡。這不僅可以讓自律神經取得平衡，也可以成為一個掌控緊張或是情緒的基礎。

小心不要過度放鬆

第二章中介紹的「副交感神經切換術」都是相當有效的方法。即便是「緊張計速器」來到九十、一百公里的過度緊張狀態，只要將其中的二、三項組合運用，就能對過度緊張產生極佳的煞車效果，讓你減緩到五十、六十公里的適度緊張狀態。

只是有一點要特別注意的是，如果「副交感神經切換術」執行得過度徹底，會進入「過度放鬆的狀態」。用緊張計速器來看，大約是落在十、二十公里的極度慢速駕駛狀態。換句話說，會陷入「情緒無法高漲」的狀態。

有關過度放鬆時會出現的徵兆，再重新向各位說明一次：

意欲不振、情緒低落、注意渙散、意氣消沉、馬虎草率、感到睏意。

考試途中，睏意不斷席捲而來，無疑地會影響作答表現，無法發揮真正的實力。因此，我們應該要以「緊張」及「放鬆」兩者適當調和下的「適度緊張」狀態為目標。一旦成了「百分之百的平常心」或是「極度放鬆狀態」的話，肯定會影響表現，所以進行「副交感神經切換術」時，千萬不要使用過度。

請在腦中想像一個「緊張計速器」，並且觀察自己「現在的我是以幾公里的速度前進著呢？」，為了可以達到五十、六十公里的適度緊張狀態，有必要做好完善的掌控。

第
3
章

與緊張為友的第2策略

活化血清素

可以帶來「冷靜」及「平常心」的血清素

與緊張為友的第一策略是「讓副交感神經處於主導」。接下來，與緊張為友的第二策略則是「活化血清素」。

血清素不只可以掌控緊張，同時也是讓我們健康生活所不可或缺的腦內物質。接下來，我將針對血清素進行詳細說明。

如果用一句話來形容血清素，就是「療癒物質」。血清素掌控著「冷靜」、「平常心」、「內心的安定」、「共感」等。

有關血清素的作用，光是列舉還是很難掌握它的面貌，所以下面就以具體實例來說明。同時也請各位根據說明，試著對血清素做出理解。

當血清素被適當地分泌時，會是什麼樣的狀態？相反地，當血清素分泌不足時，又會是什麼樣的狀態？如果可以掌握這點，就能判斷自己現在究竟是處於血清素足夠的狀態，還是不足的狀態了。

坐禪的僧侶

血清素被大量分泌時所呈現的狀態之一，就像是禪宗和尚盤腿坐禪冥想時的狀態，是相當平穩、安定、冷靜的平常心狀態。態度溫和，內心不疾不徐，完全不會有焦躁或是突然情緒不穩的情形。內心感到安定、平和，對他人也能產生共感。像這種內心安穩平靜的狀態，就是血清素被大量分泌的狀態。

早晨的森林浴

再試著想像一下另一個狀態。早起的你，在森林裡休閒地散步。天空彷彿就像穿透般地蔚藍。空氣清新，天空也萬里無雲，讓人有「好清爽啊」、「哇，真舒服」、「好舒爽」、「感覺被療癒了」這樣的感覺。這個時候，請想成自己的腦內分泌了血清素。

就像這樣，會有「真清爽」、「好舒服」的感覺，一種令人感到安穩平靜的幸福感。但即便都是幸福感，卻和會讓人想要大叫「做到了！」、「太棒了！」這種由多巴胺所帶來的動態幸福感完全不同。這是一種因為心情平穩所感到的舒適感。「療癒」和「平穩」

這種靜態的幸福感是由血清素所帶來的。

● 憂鬱症（血清素不足）

當血清素分泌充足時，內心會感到平靜，也會感覺情緒如同得到療癒般地滿足。但如果血清素分泌不足呢？如果血清素分泌不足時，又會是什麼樣的狀態？

當血清素分泌不足時，很難去應付早晨時段。血清素不足的人，會出現焦躁、易怒、無精打采、情緒不穩、無法熟睡、不容易產生共感、無法隨著事物變化做出因應等症狀。如果有符合上述幾種症狀的人，就要特別當心了。這個時候，有必要確實進行接下來所要介紹的血清素訓練。

另外，當血清素處於極度低下的狀態，就會罹患「憂鬱症」。這時已經是血清素處於極度低下，腦內的血清素呈現枯竭，已經無法恢復到原有情況的狀態了。這就是「憂鬱症」。因此，出現剛剛提到的很難應付早晨時段、睡眠短淺、焦躁、情緒不穩等症狀時，也可能是罹患「憂鬱症」的症狀。

血清素擔任腦內物質的調整角色

血清素是「療癒物質」，這在各種腦科學相關的書籍中都有提到。但其實血清素還擔任一個重要角色，這在其他書中都沒有被提及，甚至在一些與「緊張」或是「恐懼症」相關的書中也沒有被提到。

那就是「**血清素扮演著調整其他腦內物質的角色**」。當其他腦內物質分泌過多時，血清素就會擔任煞車的角色，調整其分泌量，使其減少分泌。當其他腦內物質分泌不足時，血清素就會擔任油門的角色，使其增加分泌。不管過多或不足，血清素都必須往適當方向去調整。所以「調整其他腦內物質的角色」，就是血清素所擔任的角色。

緊張的本體，說穿了就是去甲腎上腺素。由於去甲腎上腺素過度分泌的關係，才會導致緊張。因此，只要不讓去甲腎上腺素過度分泌，就不會出現過度緊張。這麼一來，「緊張」的問題也能從根本上得到解決。

血清素可以讓過度分泌的去甲腎上腺素調整到適度狀態。換句話說，**血清素所擔任「讓腦內物質適度分泌」的這項工作，可以讓過度緊張簡單地得到控制**。

訓練血清素這件事，可以讓「過度緊張」從根本上得到解決，這真像是作夢般的事情啊！

●「過度緊張」是可以改善的！

想要對付有極度恐懼症之稱的SAD（社交恐懼症），SSRI（選擇性血清素再吸收抑制劑）是有效果的。SSRI是一種增加血清素的藥物。也就是說，極度恐懼症很可能是因為血清素的機能不全才會導致發病。

不只是SAD，像是過度緊張的人，或是容易對事物感到恐懼的人，都可能是因為血清素不足所引起的。**疲勞、壓力、生活作息不規律等，都會使血清素神經變得衰弱。這麼一來，漸漸地就會變得無法控制自己的情感或是緊張情緒了。**

你是否有過因為工作忙碌，辛苦加班，但工作仍舊堆積如山，感覺那陣子的自己特別容易生氣、發怒，或是夫妻間的吵架頻率變多的經驗呢？

血清素不只可以掌控緊張，對於掌控情緒也有著密切關係。因此，一些容易生氣、不擅長掌控情緒的人，可以推估他們的血清素神經衰弱、血清素分泌不足的可能性相當高。

在這種情況下，透過活化血清素神經，就可以促使血清素正常分泌，提高掌控情感及緊張情緒的能力。

你可能認為「自己不擅長應付緊張這種情緒」，你也可能認為「這種個性一輩子都無

表五 —— 照度與明度的基準

照度（lx）	明度的基準
100,000	晴天（室外）
30,000	陰天（室外）
15,000	雨天（室外）
2,500	晴天（日出後） 晴天（窗邊一公尺處）
1,000	小鋼珠店内
500	日光燈照明的辦公室

（實際情況會根據周圍情況而有改變，上述僅作為參考基準）

法改變」。但我必須告訴你，這種想法是錯的。不管是再怎麼不擅長應付緊張情緒的人，只要訓練血清素神經，一定可以比現在的你更能面對緊張情緒。可以靠自己的力量去提升掌控緊張情緒的能力，從根本解決「過度緊張」。

這點從腦科學的角度來看，肯定是不會有錯的。

血清素活化法1 早晨的日光浴

活化血清素最簡單的方法，就是做早晨的日光浴。

早晨沐浴在照度二千五百勒克斯的光線中，就能活化血清素神經。從視網膜接受到的光刺激，傳達到腦幹的「中縫核」後，就會發出「請開始合成血清素！」的指令，於是便開始了血清素的合成。

血清素的合成，會在早晨起床後開始進行，在中午前達到高峰，到了下午之後就會慢慢減少，等到晚上就幾乎不會合成了。這是正常情況下的血清素合成。而下達「開始」這道指令的，就是早晨的「陽光」。

照度二千五百勒克斯的光線，究竟是哪種程度的明度？（表五）晴天時的早晨日出，恰好是照度二千五百勒克斯。陰天時室外的照度為三萬勒克斯。雨天的照度也有一萬五千勒克斯。順帶一提，晴天時的直射日照，照度可以高達十萬勒克斯。

也就是說，無論早晨還是陰天、雨天，只要走出室外接受日光浴，就能啟動合成血清素的開關。

此外，就算是在室內，晴天時距離窗邊約一公尺處的照度也有二千五百勒克斯。如果房子是晨光可以直接照進屋內的朝東坐向，那麼即使待在家中，也能啟動血清素的開關。

原始人會隨著晨光睜開眼睛，啟動血清素的開關，開始一整天的活動。也因為如此，早晨陽光的照度，是最適合啟動血清素的照度。人類的身體，是一種極為合乎自然常理的東西。

雖然只要待在日照好的屋內，也能啟動血清素的開關，但我還是希望那些血清素不足，或是正在接受憂鬱症治療的患者，可以實際走到屋外散散步。**活化血清素最有效、最可靠的方法，就是「早晨的散步」**。

●不容易早起的人，請先拉開窗簾再就寢

但在早晨散步之前，「我實在無法早起」、「天啊～早上我實在起不來」、「就算勉強早起，起床後也會有起床氣，腦筋一片空白」，有這樣困擾的人也不少，這正是「血清素神經疲勞」的證據。

因此，我會建議有這樣困擾的人，可以在晚上睡覺前「先拉開窗簾再就寢」。會感到早起痛苦的原因之一，與早晨眼睛雖然睜開，但腦內的血清素完全無法分泌有關。

先拉開窗簾再就寢的話，隔天早晨的陽光就會自動照進房間。此時的血清素雖然稱不上完全，但至少會在一個慢速的狀態下開始進行生成。從早晨鬧鐘響起，到非得起床不可的這段時間，由於血清素的活性在某種程度上處於旺盛狀態，所以可以心情愉悅地起床。

血清素會在中午前生成

血清素只有在中午前才會生成。早晨時血清素會和陽光一起開始生成，到了中午過後隨著時間越晚，幾乎已經無法生成。從傍晚到日落的這段時間，以血清素為原料的退黑激素會開始生成。退黑激素是一種睡眠物質。退黑激素的增加，會讓我們產生「睡意」。

因此，從事夜勤工作或是特殊行業等，到了早上才回家、中午之前都在睡覺的人要特別當心。這些人都是處在血清素很難生成的狀態，很容易陷入血清素不足，或是可能已經陷入不足也說不定。

就算是只有假日也好，可以在中午之前出門散散步，並與接下來要介紹的「節奏運動」或是「咀嚼」一起進行。像這樣，為活化血清素付出努力是有必要的。

有許多「窩在家裡」或是「不上學」的小朋友，半夜裡不是在玩遊戲就是滑手機，然後睡到隔天中午才起床。雖然他們的理由是「因為身體不舒服所以才睡到中午」，但是睡到中午，根本無法生成血清素。由於血清素也與「意欲」有關係，如果無法生成血清素，就很難產生想要去學校的動力。**「睡到中午」這件事本身，就是造成窩在家裡或是不上學的原因。**

那麼，對於那些窩在家裡或是不上學的小朋友，該如何進行治療呢？那就是「早起」。就算不去學校也沒關係，請養成每天早上七點起床的習慣。這麼做的話，血清素就會在中午之前生成，漸漸地就會產生想要去學校的「意欲」了。

或者也可以想成如果持續睡到中午，那麼「窩在家裡」或是「不上學」的問題就絕對無法解決。只要養成「早起」的習慣，就可以解決「窩在家裡」或是「不上學」的問題。

總之，中午前是血清素的生成時間帶。讓自己沐浴在陽光下，或者進行「節奏運動」都可以。只是這些一旦過了中午之後才進行的話，效果都將不如預期。

血清素活化法2 節奏運動

活化血清素的第二個方法，就是「節奏運動」。

所謂節奏運動，像是散步、慢跑、騎腳踏車、游泳、跳舞、廣播體操等，在「一、二、一、二」的節奏指令下進行的運動，都是節奏運動。此外，像是高爾夫球的揮桿或是棒球的擊球等，也都算是節奏運動。據說像是念經、唱卡拉ＯＫ等，也都具有和節奏運動一樣的效果。

節奏運動的代表，就是散步及慢跑了。在室外散步可以說是最簡單，也是極具效果的活化血清素的節奏運動。

進行活化血清素的節奏運動時，**至少需要五分鐘。可以的話，十五分到三十分最為理想**。一旦超過三十分，就會開始感覺疲勞。這時與其說是身體感覺疲勞，不如說是血清素神經開始感覺疲勞了起來。因此，活化血清素的節奏運動如果能夠進行三十分鐘，就已經相當足夠。

進行活化血清素的節奏運動時，不要讓自己受到太多思緒干擾，請將注意力專注在節奏上。也就是禁止「一邊從事~的同時，一邊從事~」的行為。

如果是搭配節奏音樂的話還可以，但如果是一邊聽英文會話的發音，一邊進行節奏運動，血清素的活化效果將無法顯現。「血清素腦中會刻上如同節拍器的節奏」這件事，關係著血清素神經的活化。

總之，不要讓腦中想太多事，只管走路就對了。「什麼都不想，只是自然輕鬆地走路」，可以讓節奏運動發揮最大的效果。

血清素活化法 3

吃早餐

最近讀了有關維持健康方法的書籍，提到了「不吃早餐比較好」、「一天一餐有益健康」，或是「採取限醣的瘦身方式」等各式各樣的方法。

我也是一邊著手調查，一邊實踐各種飲食法或是瘦身法。但老實說，到底哪種有效我也不太清楚。可是作為精神科醫師、腦科學專家，為了活化頭腦，可以效率敏捷地處理工作，我認為「早餐是必要的」。特別是對於血清素來說，早餐更是重要。

為了活化血清素，必須攝取早餐。更準確地說，是「咀嚼」及「咬」的動作相當重要。因為**「咬」這個動作本身就是節奏運動的關係。花十五分鐘享用早餐的同時，就可以活化血清素**。

因此，可以做到早起並且享用早餐的人，應該都能得到活化血清素的效果。

但如果早餐的內容讓你少了「咀嚼」這個動作的話，還是不行，像是加入牛奶的穀片、鬆軟的麵包或是茶泡飯等這類餐點。如果小孩因為「早上沒時間了」，便一分鐘快速吞下早餐，匆匆忙忙出門，像這樣的早餐吃法，因為少了確實咀嚼的動作，所以同樣無法得到活化血清素的效果。

那麼早餐吃什麼比較好呢？就是和食的一湯一菜了。米飯及味噌湯，再搭配一道菜。米飯要是沒有確實咀嚼，肯定無法吞嚥，所以必定可以養成「咀嚼」的習慣。如果餐桌上準備多道料理，勢必得交互著吃，這麼一來也會花上一些時間。所以選擇米飯作為早餐，既方便又有助於活化血清素。

血清素活化法4　攝取色胺酸

為了活化血清素，「吃什麼」這件事情很重要。因為如果缺乏色胺酸（Tryptophan）這種胺基酸，血清素是無法生成的，所以攝取色胺酸非常重要。**由於色胺酸是必須胺基酸，無法在其他胺基酸的誘導下生成**，勢必得從飲食中來攝取。

那麼色胺酸應該要在什麼時候攝取呢？

在一項讓小白鼠攝取色胺酸並且調查牠血液及腦內色胺酸含量的研究中發現，三十分鐘後，小白鼠的血液及腦內色胺酸濃度皆確實上升。此外，由色胺酸所製成的血清素含量，同樣在三十分鐘後確實上升，而且即使經過一個小時仍然可以維持同樣狀態。

由於色胺酸在攝取之後會被快速吸收，立即成為生成血清素的原料，所以攝取色胺酸最佳時段以「早晨」最為理想。

富含色胺酸的食材，像是穀物（白米、糙米）、乳製品（起司、優格）、豆類（豆腐、納豆等大豆）、卵黃、堅果（杏仁等）。

由於色胺酸普遍存在於各種食材之中，只要不過度偏食或絕食，正常進食的話，是不太可能出現不足的情況。但有一點很重要的是，色胺酸還具有「不容易移轉到腦部」的這項特性。

在經常食用的牛肉、豬肉、雞肉等肉類裡，也含有相當豐富的色胺酸。但由於動物性蛋白質會阻礙色胺酸移轉到腦部的關係，所以應該要從植物性蛋白質攝取會比較好。

再者，為了讓色胺酸可以移轉到腦部，「醣類」是必須的。因此，如果**色胺酸及醣類能同時攝取，將有助提升腦部吸收色胺酸的效率**。由此可見，如果過度限制醣類的攝取，就算色胺酸處於充足的狀態，還是會有腦中色胺酸不足的可能性。

還有一點就是，血清素的合成也必須借助維他命B6的力量。如果維他命B6不足，就算作為原料的色胺酸相當充足，還是無法讓製造血清素的工廠正常運作。

富含維他命B6的食材，像是豬肉、糙米、豆乳、納豆、香蕉、青背魚類等。

但也有食材是同時含有色胺酸、醣類、維他命B6的，那就是香蕉。過去也曾流行過

「香蕉減肥法」。如果從生成血清素的觀點來看，香蕉是最值得推薦的食材。

其他像是「納豆飯」或是「生蛋蓋飯」，再配上豆腐味噌湯，這樣的搭配也可以均衡攝取色胺酸、醣類及維他命B6。換句話說，日本的傳統和食有助於活化血清素。

●切勿服用色胺酸營養補充品

談到色胺酸與飲食的關係時，一定會被提出來的問題就是：「服用色胺酸的營養補充品是否一樣有效呢？」如果從結論來說，我們沒有必要特地服用色胺酸的營養補充品。因為色胺酸如果無法和醣類或是維他命B6同時攝取的話，是沒有意義的。所以最好的方式，就是從日常生活的飲食中攝取才對。

而且如果濫服色胺酸營養補充品，嚴重情況下，還可能引發血清素症候群這樣的副作用。服用SSRI等抗憂鬱劑的人，引發血清素症候群的風險更高。

調查後發現，過去曾經有過多項關於「色胺酸營養補充品對於憂鬱症的治療及預防是否存在效果」的研究。但無論哪項研究都得出「色胺酸營養補充品對於憂鬱症的治療及預防並不存在效果」這樣的結論。

活化血清素的重點，請以「日光」及「節奏運動」為主，「飲食」為輔。就算每天吃香蕉，但如果總是睡到中午過後才起床，沒有沐浴早晨的陽光，無法讓從事節奏運動成為生活習慣的一部分，還是無法活化血清素的。

血清素活化法5

請持續三個月

前面介紹了四種活化血清素的方法。但可惜的是，這些方法都不是光靠做個兩、三天就能明顯得到效果的。重點在於「持之以恆」。當感覺血清素神經處於衰弱狀態時，為了讓它恢復到正常狀態，進行「三個月」的血清素訓練是有必要的。

為什麼是「三個月」呢？因為血清素擔任著調整去甲腎上腺素、多巴胺、腦內啡等腦內物質角色的關係。比方說，當去甲腎上腺素過多時，血清素就會進行調整，使其減少到一個適當的量；當去甲腎上腺素過少時，血清素就會進行調整，使其增加到一個適當的量。而且有趣的是，血清素也會控制自己本身的分泌量。如果是血清素的情況，會經由「血清素受體」，讓血清素的分泌朝著「安定」的方向去做調整。

舉例來說，從現在開始，每天都認真進行前面所介紹的「血清素活化法」，讓自己的血清素神經越來越得到活化。但如果變化速度過於激烈、快速，血清素受體也會判斷「這樣的活化速度過於快速，與過去完全不同」，而做出「抑制」的動作。

一旦開始了「血清素活化法」之後，多少可以感受到效果。但如果只有努力維持一、兩週的話，還是很難出現明顯效果。

可是千萬不要因為這樣就放棄，只要持續進行，血清素受體會自行逐漸減少。血清素受體所產生的「抑制」作用一旦排除，血清素就可以順利活化，讓情緒安定，早晨也會感覺好像被一股舒爽的氣氛給包圍。

要到血清素受體減少的這段時間，大約是三個月。所以，血清素訓練持續三個月以上是有必要的。

憂鬱症患者在服用抗憂鬱藥物時，開始感覺到藥效發揮，也是大約需要經過三個月的時間。這也和「為什麼進行血清素活化法至少要三個月」是同樣道理。血清素受體在數量或是機能上開始出現變化，大約需要三個月，所以這段期間努力不懈地持續接受治療是有必要的。

三個月的時間說起來或許有些長，但早晨起床後，沐浴在陽光下，輕鬆地散散步，確實攝取早餐，光是做到這些，就能讓血清素充分得到活化。

不只在掌控緊張或是情緒方面的能力可以提高，對於心理層面的健康來說，也是相當好的習慣。所以，真心希望大家可以讓這些成為自己每日生活中的習慣。

血清素活化法6 口香糖

或許還是有人會覺得「要持續三個月太難了」、「早起還是讓人痛苦。難道就沒有其他可以讓血清素快速活化的方法嗎？」。既然如此，我會推薦給有這些問題的人「嚼口香糖」這個方法。

咀嚼口香糖時，因為會使用到下顎肌肉，所以是一種咀嚼運動。**光是咀嚼口香糖，就能活化血清素**。我們經常可以看到美國大聯盟的選手不時地嚼著口香糖，這就是利用「咀嚼口香糖」來達到放鬆效果的方式。從過度緊張調整到「適度緊張」的狀態，可以說是進入到「專區」的一種技巧。

為了從咀嚼口香糖中得到活化血清素的效果，至少需要持續「五分鐘」的時間。根據一項研究顯示，只要持續咀嚼口香糖二十分鐘，就能提高血液中的血清素十%，咀嚼三十分鐘就能提高十五%。所以，持續咀嚼口香糖二十分鐘以上，就能感受到明顯的效果。

血清素活化法7

姿勢端正

難道就沒有更簡單、能立即活化血清素的方法了嗎？

或許有這種貪心念頭的人大有人在。事實上，也的確還有其他的好方法。這個方法只需要花費一秒鐘就可以完成。方法真的相當簡單。那就是「端正姿勢」、「伸展背部」這個動作。

發表時會感到緊張的人，其實都有個共通點，那就是這些發表時前言不搭後語的人，基本上都是向前屈著自己的身體。

如果他們能像模特兒一樣抬頭挺胸說話，就不會在台上出現語無倫次的情況。到目前為止，我還沒見過抬頭挺胸發表，卻前言不搭後語的人。或者是像禪宗的僧侶，我想應該沒有人是駝著背的吧！每個人都是姿勢端正，抬頭挺胸的。

血清素與「姿勢」有著密切關係。前面曾經提到血清素與掌控表情肌的「笑容」有關，但其實不只是表情肌，血清素也與抗重力肌有關。所謂抗重力肌，就是保持身體直立姿勢的作用肌。

如果血清素處在活性不足的狀態下，就無法控制抗重力肌，那麼背部肌肉無法充分收束，自然就會呈現出不良的姿勢。相反地，如果背部肌肉可以確實伸展，那麼血清素就可以得到活化。

過去我曾替數百位憂鬱症患者進行診療，可以說幾乎每個人都是呈現身體向前彎曲的不良姿勢。到目前為止，我還沒見過抬頭挺胸，端正背脊走進我診療室的憂鬱症患者呢！

所謂憂鬱症，是因為血清素處於極度低下的狀態。由於血清素分泌不足，以致於無法控制抗重力肌，導致姿勢不良，才出現了身體向前彎曲或是駝背的情形。

如同「笑容」與血清素之間存在著「只要製造笑容就可以活化血清素」的關係一般，只要端正姿勢，就能活化血清素。

●端正姿勢就能順利演說

在紐西蘭奧克蘭大學的布羅德班教授等人的研究下，發現經診斷患有憂鬱症的六十一名受測者，每個人都有「背部駝屈」的傾向。這些受測者被分成兩個小組，分別是「伸直背脊端坐」組以及「普通坐姿」組。在施予壓力的情況下，讓他們分別進行五分鐘的演說。

結果發現，相較於「普通坐姿」組，「伸直背脊端坐」組較能展現出動力、幹勁、提高注意力、降低恐懼、高度自尊心等特徵。而且演說過程中，也能充分做好自我介紹、使用較多詞彙、減少第一人稱（我）的出現頻率，展現精力充沛的一面。

此外，不管是哪一組，受測者越是挺直肩膀，避免駝背，就越能降低負面情緒及內心的不安。

光是端正姿勢，就能減低演說時的不安、恐懼，讓演說順利進行。只要「端正姿勢」，就能得到立即性的效果。

在人前說話容易感到緊張的人，不妨試著留意挺直自己的背脊來進行演說。總之，在姿勢上，請有意識地做出如同模特兒般的端正姿勢。想像自己的頭頂上被繫著一條繩子，整個身體被繩子往上拉提的畫面。

光是端正姿勢，就不會出現過度緊張的情緒。和沒有意識到姿勢端正與否的時候相比，姿勢端正時，更能以一種沉穩的態度進行演說。

一旦姿勢不良就無法深呼吸

光是端正姿勢地站立，就能活化血清素。此外，說話時只要端正姿勢，讓臉部及胸部朝向前方，自然就能做到腹式呼吸。如果駝背的話，呼吸就會變得短淺，吸入的空氣也無法充分進到體內。

不信的話，你也可以試試看。在身體向前彎曲的情況下，是否能進行讓橫膈膜上下移動的深呼吸、腹式呼吸呢？從物理角度來看，這是絕對無法做到的。

換句話說，只要確實端正好自己的姿勢，就能活化血清素，而且自然就能做到掌控緊張的深呼吸（腹式呼吸）。這真是一石二鳥的好方法啊！

由於我自己也是屬於姿勢不良的人，所以不管什麼時候都會留意姿勢。姿勢端正的話，全場便可一覽無遺。比起視線朝下的駝背姿勢，姿勢端正時，視線自然朝向前方，視野也會跟著開闊起來。同時，精神上也會跟著冷靜下來，可以更加從容地觀察台下每個參加者的臉上表情。

像是考試時，坐在椅子上等待正式開始時也是一樣。

開始前的一分鐘，是最讓人感到緊張的時候。這時，請有意識地「端正姿勢」、

「伸直背脊」。你會發現不可思議地，緊張的情緒似乎就這麼被安撫了下來。考試開始之後，為了作答，免不了一定會將身體向前彎曲；可是在開始之前，只要意識到要「伸直背脊」，就能減緩緊張。

姿勢不良、不擅長應付緊張情緒的人，不只是在發表演說的場合，在一般生活中，就要有意識地伸直自己的背脊，端正姿勢。這與掌控血清素有著密切關係。只要確實端正姿勢，漸漸地就能掌控自己的情感或是緊張的情緒。

第
4
章

與緊張為友的第3策略

控制去甲腎上腺素

什麼是去甲腎上腺素？

前面兩章介紹了與緊張為友的兩個策略，分別是「讓副交感神經處於主導」及「活化血清素」。接下來，終於要進入第三個策略，那就是「控制去甲腎上腺素」。

當我們處在緊張狀態時，會促使去甲腎上腺素被分泌。因此，只要設法「降低去甲腎上腺素」，就可以減緩緊張。雖然可以說去甲腎上腺素就是「緊張」這個東西的腦內物質，但究竟去甲腎上腺素是什麼？下面就來為各位進行解說。

如果要用一句話來說明去甲腎上腺素，可以把它想成「原始人與野獸相遇時所分泌的腦內物質」。比方說，當原始人遇上劍齒虎時，情況會怎樣呢？

是與牠搏鬥嗎？還是立即轉身逃跑？應該採取的行動，只有這兩者的其中一種。

當下只要稍有遲疑的話，不用多說，肯定性命不保。因此，面臨這種生死關頭時，究竟應該選擇搏鬥還是逃跑？必須在瞬間做出判斷。如果選擇搏鬥，必須立即手持武器，做出攻擊；但如果選擇逃跑，就一定要以最快速度死命逃離。總之，為了保住性命，迅速做出判斷並且付諸行動是絕對必要的。像這種在被追趕的生死關頭，可以讓你在瞬間做出判斷的腦內物質，就是去甲腎上腺素。

去甲腎上腺素是「要搏鬥？還是要逃跑？」的物質。在英語中則被稱為「Fight or Flight」的物質。去甲腎上腺素是可以將我們從生死交關的狀態下解救出來，避免危機的緊急物質。

去甲腎上腺素是「最好的朋友」

去甲腎上腺素的分泌，可以幫助我們清晰頭腦、集中注意力以及提高判斷力。換句話說，「可以讓我們在瞬間做出正確判斷」這點，是去甲腎上腺素的特性。

此外，記憶力及學習能力也會同時得到提升。如果要說去甲腎上腺素為什麼會有這種效果，你可以試著想想，如果不幸遇到兇猛野獸，卻不記得是在哪裡，是在什麼樣的狀態下遇到的話，下次還是有可能會身陷同樣的危險處境。但如果分泌去甲腎上腺素，記憶力就會變得清晰敏銳。

再者，去甲腎上腺素也能提高人體從肌肉到身體機能的作用。也就是說，不管最終是選擇逃跑也好，搏鬥也罷，都能提高人體肌肉或是心肺機能，讓我們處於更有利的狀態。

由於緊張狀態下會分泌去甲腎上腺素，所以可以說去甲腎上腺素的分泌與「緊張」之間是畫上等號的關係。換句話說，「緊張」不是我們的敵人。**為了生存，我們「必須發揮最佳的備戰狀態」，而這就是「緊張」的真面目。至於讓它可以確實落實的物質，就要靠去甲腎上腺素了。**

提升集中力及判斷力，增強記憶力及學習能力，提高身體機能，使得腦部運作達到頂峰，讓頭腦及身體可以做出最好的表現。不管是「緊張」還是「去甲腎上腺素」，可以說都是我們最好的朋友。

一天內完成暑假作業的奇蹟腦內物質

不知道你是否有過在暑假的最後一天，一口氣完成所有暑假作業的經驗？

我想這樣的經驗恐怕每個人都有吧！但是為什麼可以做得到呢？如果可以用暑假的最後一天完成所有作業，那麼用暑假的第一天應該也可以完成所有作業才對。可惜，實際上是很難做到的。應該要花上好幾天才能完成的暑假作業，為什麼用一天就能完成呢？那是因為去甲腎上腺素被分泌的關係。已經被現實追趕到了走投無路的地步。繳交期限已經迫在眉睫，而且是火燒屁股，十萬火急的狀態。這種情況下被分泌出來的，就是去甲腎上腺素。

「背水一戰」、「狗急跳牆」。當人們被追趕到了窮途末路的時候，總是能夠發揮比平常更加令人難以想像的高度表現。像這樣的事蹟，也會出現在故事裡或是成語中。之所以會有這樣的表現，正是去甲腎上腺素作用下的關係。

如果用一句話來形容的話，去甲腎上腺素是一種會讓我們成為超人的物質。隨著去甲腎上腺素的被分泌，能夠得到令人滿意的表現。這是無可否認的事實。

腎上腺素與去甲腎上腺素的差異

既然說到了去甲腎上腺素，我想各位應該也聽說過「腎上腺素」（Adrenaline）這種物質吧！當人處在極度興奮的狀態時，也會說「腎上腺素分泌了」。腎上腺素與去甲腎上腺素這兩者的名稱相當類似，但究竟差別在哪裡呢？

如果要鉅細靡遺地說明，可能得用掉不少頁面。所以這裡就只針對兩者大致上的差別做說明。當我們遇到兇猛野獸時，去甲腎上腺素和腎上腺素都可以幫助我們判斷是要與猛獸搏鬥或是逃跑，所以都有「要搏鬥？還是要逃跑？」的物質這樣的別名。兩者都是由酪胺酸形成，構造也相當類似。兩者共同的作用也很多，像是「提高注意力」、「增強記憶力」、「心跳加速」、「增強肌力」等。

但是要說到兩者最大的差異，就是受體的分布了。去甲腎上腺素的受體幾乎都在腦內，而腎上腺素的受體則遍布在心臟、肌肉等全身各處。

也就是說，**當你身陷危險時，可以協助腦部運作，提高集中力，在瞬間做出正確判斷的是去甲腎上腺素；但是當你身陷危險，可以提高心肺機能，讓血液輸送全身，增強肌力，提高身體機能的則是腎上腺素。**

各位可以直接做成下面這樣的理解：以讓腦部發揮作用為主的是去甲腎上腺素；讓全身發揮作用為主的則是腎上腺素。

另外，各位也可以做出「去甲腎上腺素和腎上腺素兩者幾乎是會同時被分泌」這樣的理解。面臨緊張、不安的情況，去甲腎上腺素和腎上腺素兩者會同時出現。但如果是超越不安的「恐懼」狀態，或是「生氣」、「極度興奮」的狀態，那麼去甲腎上腺素則會被分泌得比較多。

因恐懼導致兩腿發軟的理由

當原始人遇到劍齒虎時，可能在原始人察覺到劍齒虎的那一瞬間，也看到劍齒虎已經朝著自己飛撲而來。身體被極度恐懼支配時，兩腿發軟，就算想逃也無法動彈，腦筋也是跟著一片空白，也不知道該怎麼做才好。

「天啊～怎麼辦？現在該怎麼做才好？」

當人類發現危險已經超乎想像，意識到自己除了「死」之外無路可逃的瞬間，會因為強烈的「恐懼感」而使得肌肉變得僵硬。

當去甲腎上腺素的分泌增加時，情緒會從原先的「緊張」轉變到「不安」，再逐漸提升到「恐懼」。接著，處在「強烈不安」或是「恐懼」等狀態下，去甲腎上腺素會被大量分泌，腎上腺素也會跟著被分泌。

原本有助於提高判斷力、提升瞬間爆發力的去甲腎上腺素，一旦被大量分泌，就會引發機能的異常反應。運往肌肉的血流量過多的話，肌肉會因為過度緊張而變得僵硬，兩腿也會跟著發軟。當腦筋出現「一片空白」的情況時，就可以認為這是去甲腎上腺素被過度分泌的徵兆。

也就是說，適量的去甲腎上腺素（適度緊張），可以帶領頭腦及身體的運作來到一個高峰；但過量的去甲腎上腺素（過度緊張），只會影響表現，帶來不好的結果。因此，控制去甲腎上腺素的分泌，從「過度緊張」減緩到「適度緊張」是有必要的。接下來介紹可以運用的方法。

腦部的危險感知系統「杏仁核」

前面我們用了「去甲腎上腺素被分泌」這樣的說法，但其實去甲腎上腺素是不會隨隨便便被分泌的。因為在我們腦中有個判斷去甲腎上腺素是否需要被分泌的部位，那就是「杏仁核」。

「杏仁核」可以說是去甲腎上腺素的掌控中心。

當我們遭逢一些突如其來的狀況時，杏仁核會在瞬間做出「這個狀況」是否攸關性命？是否安全？是否危險？舒服與否？這樣的判斷。而杏仁核做出判斷的時間，據說是二毫秒，也就是千分之二秒。這真的只是一瞬間！在那一瞬間，杏仁核就會做出「危險／安全」、「舒服／不舒服」的判斷。

舉例來說，小朋友將某種食材放進嘴巴裡，心裡正想著：「不知道這是什麼？」時，突然「呸」的一聲，將剛剛放進嘴巴裡的東西給吐了出來。「天啊！是我最討厭的大蒜！」這樣的認知，是出現在將放進嘴巴裡的東西給吐出來之後。**所以對自己來說，認識到「不舒服」時，會在瞬間做出反應。而「語言情報」（理性）則是在那之後才開始運作。**

像這樣的反應，會出現在日常生活的所有刺激或是體驗中。這些經常都是一瞬間出現。之所以會有這樣的反應，就是作為「危險感知系統」的杏仁核在守護我們生命的緣故。

站在十字路口，眼見一輛自行車朝著自己的方向衝來。在意識到「危險」之前，身體會先瞬間自動跳開以躲避危險。我們之所以能夠擁有如此這般的絕技，全多虧了杏仁核的「危險感知系統」。

如果沒有杏仁核的「危險感知系統」，等到被自行車衝撞之後，才會意識到「危險」，或是等到吞下異物之後，才會意識到「剛剛吞下了怪怪的東西」。如果沒有杏仁核的「危險感知系統」，我們是無法保護自己的安全的。

恐懼是先天的？還是後天的？

你正在森林中散步。正當你跨出腳步時，發現腳邊竟然有一條蛇。在你放聲大叫：「天啊～有蛇～」之前，應該會先停止跨出腳步，拔腿往後逃跑才是。

為什麼身體會自動產生這樣的反應呢？那是因為「蛇是一種危險生物」這樣的情報，已經事先被烙印在腦中的緣故。

如果換做是發現腳邊有可愛動物的情況，「哇～是松鼠耶！」然後轉身飛快逃跑的人，我想應該沒有吧？

所謂恐懼，到底是根據什麼被定下的？如果能夠知道那是什麼的話，就可以掌控恐懼了。

比方說，看到蛇的瞬間會感到恐懼。但如果換做是一個從來都沒有看過蛇的人，又會做出什麼樣的反應呢？同樣會因為害怕而全身發抖嗎？還是就像沒看到一樣，就這麼從蛇的旁邊經過呢？

過去曾經有人透過實驗來證明這點，那是西北大學的蘇珊·米尼卡博士的研究。她讓一隻被飼養在實驗室裡、從來都沒有見過蛇的紅毛猩猩，突然間看到蛇的時候會出現哪些反應進行研究。

結果發現，這隻紅毛猩猩竟然對蛇完全不會感到害怕。

之後，她又讓同樣一隻紅毛猩猩先看了「野生紅毛猩猩害怕蛇」的錄影畫面，再讓牠重新看一次蛇。這次紅毛猩猩居然對蛇開始感到恐懼，出現了恐懼的反應。從觀看錄影畫面到再次實驗，才經過短短二十四分鐘而已，竟然產生了這樣的變化。

透過這個研究可以得知，**「恐懼」是後天的產物**。證明了**恐懼是經由「學習」才會產生的**。與恐懼相較之下，「緊張」是屬於較為輕微的恐懼，所以緊張也是經由「學習」才會產生的。但反過來看，只要透過「學習」，就能掌控這樣的情緒。

你的過度緊張、恐懼感，或是極力讓自己避免遭受緊張、恐懼等的想法，可以說都是學習下的產物，也就是你與過去記憶情報相對照後所做出的判斷。

緊張、不安、恐懼都是從過去經驗衍生而來

緊張的結構就是在遭遇危險的瞬間，杏仁核會開始興奮，去甲腎上腺素開始被分泌。至於感到緊張、恐懼，或是意識到「危險」等，則全都是在那之後才發生。

雖然當今的社會環境，應該不太會有什麼讓人感到「糟了，這次必死無疑」這種會對性命造成威脅的情況，但卻可能遭逢某些重大失敗，引發嚴重後果。由於杏仁核會對照過去經驗，做出這是「高危險」或是「高失敗」的判斷，致使去甲腎上腺素開始分泌，產生緊張的感覺。這是對我們所發出的警告。

同樣地，**如果根據過去經驗，杏仁核做出這是「無關生命危險」、「安全」、「高成功率」、「沒問題吧」或是「不會失敗吧」的判斷，就不會產生緊張的情緒**。這就是腦部的結構。只要你身為「人類」，就必須遵從這個「腦部的結構」。

雖說如此，如果能改寫「過去的記憶」或是「經驗值的資料庫」，就算現在處於過度緊張的狀態，也會做出「其實這沒有關係喔」或是「到目前為止，已經有過好幾次同樣經驗，都沒有威脅到生命安全，所以這次肯定也沒問題的」這樣的判斷。

只要適當地修正資料庫的資料，就不會感到恐懼。而這樣的事情，是可以讓大腦去學習的。這個就稱它為「資料庫的改寫」吧！

透過適當改寫腦內資料庫，就能降低發出「危險信號」的頻率。從結果來看，過度緊張的情緒也能得到緩和。

掌控去甲腎上腺素方法1

徹底準備

越是容易過度緊張的人，越不進行事前演練

過去有段時期，我曾在札幌醫科大學的精神科擔任「助手」一職。「助手」的主要工作，就是指導即將成為精神科醫師的新進醫師、研修醫師以及學生。

在醫師的世界裡，有所謂「學會發表」這樣的事情。那些進入醫院第一年、第二年的新進醫師，一方面也是為了讓他們可以學習，所以每年都會讓他們在學會裡發表。而當時我的工作，就是指導那些新進的醫師。

那是發生在一次學會上的事情。我所指導的A醫師是進入醫院工作第一年的新進醫師。當時他在學會上用充滿自信的態度進行發表，結果可說是相當地成功。另一方面，由其他醫師指導、同樣是進入醫院第一年的B醫師，發表時不但缺乏自信，就連照稿念讀也還是出現錯誤，口頭答問也雜亂無章，可以說是相當地失敗。

「怎麼會表現得這麼糟糕呢？」這麼想的我，決定試著向B醫師了解他的問題所在。「事前做了幾次照稿念讀的練習呢？」我這麼問。「一次也沒有。」B醫師這麼回答我。

當時的我驚訝地張大嘴巴，久久無法闔上。如果連一次事前演練都沒有做過，那麼表現不好自然是理所當然的事情。可是，這與其說是B醫師的責任，因為工作忙碌而完全疏於指導B醫師的那位指導醫師，也不能不去追究他的責任。

順帶一提，我所指導的A醫師，事前照稿念讀的練習，總共進行了五次。而我有到場的事前演練，則是兩次。根據當時學會規定，發表時間總共八分鐘，其中口頭答問占了兩分鐘，所以就算練習五次，也只不過花了四十分鐘而已，並非需要花上相當的時間和精力來練習才行。**但不知道為什麼，幾乎所有不擅長發表的人，都不願意進行事先演練。**

事前演練時，也應該要如同正式發表時一樣，一邊使用投影片，一邊留意時間進行演練。而且至少也要練習數次才行。

事前演練可以累積成功

「事前演練」非常重要。因為事前演練時所得到的成功，可以改寫腦內資料庫。「最近一次的表現相當成功」這樣的資料，會被列在腦內資料庫的最後一行，不但可以與「自信」產生連結，也可以抑制過度緊張的情緒。

但如果事前連一次演練都沒有進行、連一次照稿念讀的練習都沒有做過，那麼等到真正站上發表台時，是不可能產生自信，出現過度緊張也是可以想見的了。

我在以成為講師為目標的讀書會「Web心理塾」中，指導了超過一百人的講者。在這些講者中，同樣具有「越是容易過度緊張的人，越是忽略事前演練」這樣的傾向。另外，我也對「緊張研討會」的參加者（容易緊張的人）進行問卷調查。結果發現，僅有十五％的人回答「正式發表前，一定會進行事前演練」。由此可見，沒有進行事前演練的人其實相當多。

照理說，情況應該正好相反才對。如果容易過度緊張，那麼直到可以做好演說發表之前，應該多次進行照稿念讀的練習、多次進行事前演練才對。做不到上述準備工作的人，就會出現過度緊張。

如果能練習到十次以上，那麼就算是再怎麼不擅長發表演說的人，也可以感受到發表流程的整體節奏，感覺到自信的。

「照稿念讀練習已經做了十次以上」這樣的訊息，也會被寫入腦內的資料庫中。

如果是「連一次照稿念讀練習都沒有」的情況，那麼杏仁核肯定會發出「危險」的信號；但如果是「照稿念讀練習已經做了十次以上」的情況，杏仁核發出「安全」信號的機率則相當高。

就像這樣，只要事前做好演練，就能簡單改寫腦內的資料庫。越是「容易緊張的人」，事前越應該確實做好準備才對。

你的「準備」錯了嗎？

前面提到的B醫師，雖然沒有在事前做好演練，但這絕對不是因為他怠惰的關係。要說他做了些什麼準備的話，就是「修改投影片」這件事了。直到發表的前幾日，不，直到發表的前一刻，他都還在修改投影片呢！

公司內部的發表也是一樣。很多人以為「製作投影片」或是「製作資料」，就已經是在為發表做準備了。「製作投影片」、「製作資料」這些事情，如果用建築來比喻的話，只不過是「基礎工程」而已。

該怎麼表現才能讓聽眾容易理解？即使是同樣內容，為了可以用容易理解的方式傳達給對方，該怎麼做才好？還有，實際讀過之後，要在哪裡做強調？過程中要在哪裡稍加停頓？要用簡報雷射筆指示投影片上的哪些內容？

像這樣，去揣摩發表時「如何讓聽眾了解投影片的內容」以及「如何用動作來導引整個發表過程的進行」，這些事才可以說是真的在為發表做準備。

因此，發表用的資料、投影片等，必須在正式發表前的兩天完成。最後一天，就全心全意地投入「照稿念讀」及「事前演練」等練習。

從「如同正式發表」的演練中發現到的事

進行事前演練這件事，對考生來說，就是「進行模擬考」。如果是面試，就是「接受模擬面試」。如果是運動比賽，就是「賽前的模擬競賽」。如果是話劇或是舞台劇，就是「事前彩排」。

事前演練最重要的，就是要「如同正式發表」來進行演練。

舉例來說，如果是進行發表的事前演練，將自己製作完成的投影片，實際用投影機投射在螢幕上，並用簡報雷射筆一邊指示重點，一邊進行說明。可以的話，最好安排一些聽眾，也要測量時間，完全依照正式發表的規格來進行演練。

坐在桌前，一個人進行照稿念讀的練習。雖然這也是絕對無法省略的事前練習，但如果沒有測量時間，也沒有安排聽眾，製造一些臨場的「緊張感」的話，就稱不上是「臨場」的事前演練。

另外，所安排的聽眾當中，應該要邀請像是自己的指導者、上司或是前輩等，比起自己更加熟悉這個領域的人加入才對。如果不這麼做的話，就無法得到對自己有助益的建言。既然都已經特地進行事前演練了，如果不能好好地被指出「應該改進的地方」的話，就無法得到反饋，這麼一來也無法往好的方向做出改進。

還有，「測量時間」也很重要。由於大部分都是超過規定時間的情況，所以要以事前演練時測量到的時間為基準，來調整自己讀稿的文字數，讓發表時間可以恰好在規定時間內完成。

如果是考生，多次進行「模擬考」是很重要的。如果沒有從「模擬考」中累積經驗，可能會出現作答時間不夠，以致於未能完成作答、電腦作答卡上的答案填寫錯誤、發生致命性嚴重失誤等問題的發生。所以打從「模擬考」一開始，就要決定好「用最後一分鐘來檢查電腦作答卡」，習慣了這樣的時間分配，就不會發生電腦作答卡填寫失誤的情況了。

從「如同正式發表」的事前演練中，我們可以發現從來都沒有想到過的事情。

●零後悔的「時光機準備術」

那麼事前練習要進行幾次，才能算得上是準備充足呢？

從結論來說，在覺得「已經做了所有自己能夠做的事情」之前，都應該盡力去做。不是要你做到百分之百以上，但如果能做到打從心底覺得「我已經做好百分之百的準備了」，就不會出現過度緊張的情況。

以我自己來說，我會做這樣的自問自答：「如果可以用時光機回到過去，還有什麼是我還沒做的嗎？」我把這個方法稱為「時光機準備術」。

經常可以在連續劇或是電影中看到「利用時光機回到過去，重新整頓自己人生」的劇情。因為過去的人生過於隨便敷衍，所以出現了需要「重新來過」的部分。對於眼前可以做的事情，就要竭盡全力把它做到最好。如果面對每一瞬間，都能拿出自己最好的一面，那麼就算利用時光機回到過去，也是同樣的結果，不是嗎？

很多人在遭逢失敗的當下，總是會說：「要是那個時候，我能事先〇〇的話就好了……」要是事後會有這樣的後悔，那麼當初不要敷衍了事不就好了嗎？

我總是會讓自己準備到「即使用時光機讓我回到過去一百次，我也不會後悔」的程度。能夠做到這樣，就不會出現「後悔」這種事情。

如果每一瞬間都能拿出自己最好的一面，就不會有「比當時的自己更好」這樣的東西存在。而且，如果出現了不如預期的結果時，也能誠實地面對自己，告訴自己「這就是我的實力」。

實際上，要做到這般徹底且精確的事前準備，或許並不是件容易的事，但重要的是你的「心態」。

「如果可以用時光機回到過去，還有什麼是我還沒做的嗎？」面對這樣的問題，如果可以毫不遲疑地回答：「我已經盡了全力。」那麼在你的腦內資料庫，就會被加上一行「沒有未完待辦的事情」這樣的訊息。如果感覺自己「已經竭盡全力了」，這將會與自信產生相當大的連結，有助於抑制「過度緊張」的情緒。

「如果可以用時光機回到過去，還有什麼是我還沒做的嗎？」這是一個相當好的提問，希望各位可以好好地記下來。

你的努力一定可以得到回報

在這裡我想要告訴各位，「一定會出現與你所付出的準備或是努力相當的結果」這件事。

到目前為止，我也做過許多事情，可是會出現「我都已經做了這些準備，但還是得到不如預期的結果」的情況，就連一次也沒有。之所以會出現「不如預期的結果」的情況，不管從哪方面來看，都是因為準備不足的關係。

以我的大學入學考試為例。因為我一直以來都有著想要「成為醫師」的夢想，所以當時報考了札幌醫科大學，但卻落榜了。看到這樣的結果，並沒有讓我感到生氣或是沮喪。

因為很明顯地，那是我的學習不足、實力不夠的關係。就連模擬考試時，也是多次連續得到C的成績。老實說，當時我真的是處在一個「束手無策」的狀態。

得知自己落榜之後，我告訴自己「出現了一個與我實力相符的結果」，並且坦然接受了它。考試並不是可以隨便應付了事的。我也意識到，不是靠著運氣就能得到學校的合格通知。

到底是哪裡出了問題？就是我還不具備「用壓倒性地答題正確率來輕鬆取得學校合格

通知」的水準。於是我決定洗心革面，暗自在心裡發誓，接下來的一年裡「每天都要認真讀書十小時！」，而且事實上，我也真的做到幾乎每天認真讀書十小時。

隔年，我再度報考了札幌醫科大學，就在二次考試的結束瞬間，我相當確信「這次，我一定可以合格！」，因為幾乎每一道問題，我都可以相當自信地去作答。

果然，就如同我所確信的，在十倍競爭率這般高難度的門檻上，我「考上」了札幌醫大。

當時，還是十九歲的我心裡這麼想著：

「在人類身上，只會出現與自己實力相當的結果，一定可以得到與自己實力相符的結果的。」

運氣的好與壞，可能會讓結果出現上下十％變化，但絕對不會出現上下五十％這般巨幅變動的。

因此，請確實做出必要的準備及努力。而且，除了準備及努力之外，也沒有什麼其他可以做的了。這樣的「盡力感」也會在腦內資料庫中做出正向積極地改寫，讓你不會出現緊張或是不安的情緒。事實上，這也與發揮自己真正實力有著關係。

掌控去甲腎上腺素方法2

正確反饋

「不擅長應付緊張的人」與「擅長應付緊張的人」的決定性差異

不擅長應付緊張的人有個重要特徵，那就是「自我評價低」這件事。

我有專為希望成為講師、作者的人，成立一個名為「Web心理塾」的讀書會。在這裡，我會指導那些目標成為「研討會講師」的學員，他們的「說話方式」或是「如何發表」等。每年也會舉辦一個如同發表會、名為「研討會祭典」的活動，目的是為了讓這些學員能有個以新人講師身分上台的機會。每年都會有二十位新人講師登場，截至目前已有三百位以上的參加者來參與這個活動。

到目前為止，在我的指導下，已經誕生了一百位以上的「新人講師」。從指導這些學員的經驗中，我發現「不擅長應付緊張的人」與「擅長應付緊張的人」各自擁有不同的模式。

每當研討會結束之後，我一定會詢問這些前來參加新人講師體驗活動的學員們：「覺得自己今天的表現如何？」而那些「不擅長應付緊張的人」一定都會回答我：「完全不行。」

「舌頭打結，說到一半還說錯，該說的不但沒說，還不知道跳到哪裡去。就連聽眾的問題也回答得亂七八糟」，像這樣不斷地指出自己「失敗」或是「做得不夠好的地方」。

另一方面，那些「擅長應付緊張的人」的回答就是「應該還可以」或是「自己的表現比事前想像的要來得更加沉著」這樣正向的評價。然後，在自己初次上台時，便能展現自信。並且在他們的話語中，對於自己能夠擁有這樣的經驗充滿了感謝。

由於「不擅長應付緊張的人」不擅長發表的關係，所以當他們回過頭來檢討時，多半是負面的。而「擅長應付緊張的人」由於擅長發表，所以當他們在檢討自己的表現時，多半是正向的。也就是說，重點不在於發表的「結果」。而且，正好完全相反。

因為有了研討會結束後的自我評價，才有了今天的你。換句話說，這個「自我評價」是「原因」。你的自我負面評價，正是造成你「不擅長應付緊張」的原因。

即使輸了也要在對戰成績中追加一勝的方法

過去的資料庫會決定你的緊張程度。也就是說，失敗經驗多的人容易緊張；成功經驗多的人，則有不容易緊張的傾向。

在進行完內容發表之後，不管是初次發表的人還是專業人士，一定都會有大約各十個「做得好的地方」以及「做不好的地方」。不管是什麼樣初次發表的人，一定會有他「做得好的地方」；不管是什麼樣的專業人士，也一定會有他「做不好的地方」。

如果「成功要點」與「失敗要點」各有十個，你會把焦點關注在哪個上面呢？容易緊張的人，會關注在「失敗要點」上。就算可以列舉出數個自己做得好的地方、成功的地方，但從他們口中說出來的，肯定都只有自己「失敗的地方」。

「說」是一種「對外輸出」的動作。說得越多，對於說出口的內容，越是容易強化在記憶中。**如果一直糾結在「怎麼會失敗呢！」、「真的很不甘心……」這樣的「情感」中，這樣的經驗只會更加深在你的記憶中**。由於這次的發表是一個「失敗的經驗」，在你的對戰成績中，也會被追加「一敗」的紀錄，腦內資料庫的內容也會朝向不好的方向被覆寫。

不容易緊張的人，首先會關注在自己的「成功要點」上，對此感到開心、感謝，並且將這樣的心情轉化成言語，親口對朋友或是指導者說出。由於這次的發表是一個「肯定的經驗」，在你的對戰成績中，也會被追加「一勝」的紀錄，腦內資料庫的內容也會朝向好的方向被覆寫。

而且，對於自己的「失敗要點」也能用正向的方式去重新檢視「為什麼會失敗？」、「下次應該怎麼做才能避免同樣的錯誤？」，確實擬定防止失敗的策略。不但不會讓自己糾結在「失敗」的情緒中，反而會用一種不服輸的精神，理性地去反省，並且積極找出對策。

對自己進行正確評價！「三點平衡反饋法」

不擅長應付緊張的人，對自我的評價相對較低；擅長應付緊張的人，對自我的評價相對較高。從結果來看，這將會決定下次發表時，究竟是「會緊張」還是「不會緊張」。

那麼，那些自我評價低、容易緊張的人，到底該怎麼做才好呢？

其實，只要可以正確做出自我評價就可以了。雖說如此，如果對著戴有「我不擅長應付緊張」這種消極有色眼鏡的你說：「請正確做出自我評價。」那也等於白說。如果真的無法對自己進行正確評價，就從他人那裡得到對自己的評價吧！也就是說，「得到正確反饋」這件事情極為重要。

「得到正確反饋」這件事，從「成功要點」的角度來看，會讓你與「自信」產生連

結；從「失敗要點」的角度來看，會讓你與「對策」產生連結。因為得到了正確的反饋，就算只有兩、三次的實戰經驗，也能讓你在發表技巧上，飛躍性地向上提升。而且更重要的是，讓你不會出現過度緊張的情緒，可以用自信的態度，在人前從容不迫地侃侃而談。

那麼，要怎麼做才能得到正確的反饋呢？

以我自己來說，如果是舉辦研討會的情況，我會從不同立場的三個人那裡收集反饋。所謂不同立場的三個人，是指「參加者」、「給予肯定評價者」及「給予否定評價者」。

首先，要先看過這場演講的參加者的問卷調查結果。這點非常重要。這麼做的目的不是為了了解表現的好壞，而是希望了解「參加者是否為此感到滿足」，這才是重要的。

因為「為了參加者所舉辦」、「希望能讓參加者從中得到收穫」、「希望參加者可以感到滿足」這些都是我舉辦演講、研討會的目的，所以我會從問卷中去確認是否達成。

或者，如果有舉辦事後座談會，「覺得今天的演講如何？」、「有沒有覺得哪裡有趣？」、「有沒有不容易理解的地方？」，像這樣，「成功要點」與「失敗要點」的雙方意見都要聽取。

接下來，要聽取「給予肯定評價者」的意見。如果是受邀演講的情況，就是聘請我進行這場演講的主辦者、代表者或是工作人員。就算詢問他們：「今天的整場表現如何？」

我想他們也不會說出否定的評價。只會得到許多「成功要點」。如果是自己舉辦的演講，就會詢問工作人員或是前來參加的友人他們的感想。如果是公司內部的演說，可以詢問同事或是後輩這些與自己近似的人。這麼做的話，相信就能得到「成功要點」的反饋。

再接著，要聽取「給予否定評價者」的意見。這點雖然是最重要的，但是可以坦率說出否定評價的人，我想應該不多。以我來說，我的祕書會沉著、冷靜地告訴我有哪些做得好的地方、有哪些做得不好的地方，甚至連下次可以試著改進的部分也會一併告訴我。這對我來說是相當有幫助的。如果是公司內部的演說，上司、自己的指導者，或是相關專業領域的同事，都是適合的對象。

千萬不要受到「自己的主觀價值」所牽引，而是要像這樣，從立場及利害關係完全迴異的三方來聽取「自己在發表中的成功及失敗」。如此一來，便能平衡地得到「正確評價」、「正確反饋」。這裡，我就把這樣的方法稱為「三點平衡反饋法」吧！

由於一定會出現「成功要點」及「失敗要點」的意見，「成功要點」可以讓你與「自信」產生連結；「失敗要點」可以讓你與「對策」產生連結。透過這樣的方式，你的腦內資料庫會變得更加充實，而「緊張程度」也會與累積的「成功要點」呈現出正比關係，持續得到改善。

掌控去甲腎上腺素方法3

想像鍛鍊

透過想像鍛鍊改寫腦部

男子花式溜冰的羽生結弦選手，在平昌冬季奧運中，以壓倒性的技巧贏得金牌，成功在奧運競賽中完成二連霸。羽生選手強大實力的祕密，就在於他的「想像鍛鍊」。據說羽生選手在從日本飛往索契的十個小時飛行航程中，不停在腦中重複著四迴旋跳躍的想像鍛鍊。到了正式比賽，也以完美的四迴旋跳躍，成功奪下目標的金牌。

羽生選手曾在接受雜誌《Number》的專訪中這麼說道：

「只要閉上眼睛，我的腦中就只有（四迴旋）內結環跳及後外點冰跳。因為經常就這麼睡著，所以在我的腦中，永遠都在重複著跳躍的畫面。即使坐在飛機上，雖然身體在休息，但感覺還是做了自己該做的事情。」

由此可知，羽生選手的想像鍛鍊，為他帶來了金牌的殊榮。

我想，「不做想像鍛鍊」的專業運動員或運動選手是不存在的。零失誤完美演出、比賽流程、贏得勝利的畫面等在腦中清楚呈現，並且引導自己努力將它實現的，就是想像鍛鍊。

光是想像就能實現，這樣的事情是有可能的嗎？

想像鍛鍊在運動心理學中也有相關研究。經證實，想像鍛鍊是能帶來科學性地效果的。**據說，人腦無法區分現實與想像**。不管是現實也好，想像也罷，人腦都是由相同的神經細胞在進行反應。因此，即便是現實生活中沒有發生過的事情，只要在腦中清清楚楚地去想像，腦中也會出現如同真實發生時的反應。

身體在動作時，實際上運用了哪些部位的肌肉？讓身體移動到哪個位置？如何去進行變化？不管是在腦內進行細節想像，還是實際去動作身體、鍛鍊身體，由於在腦內都是由同樣的神經運作，所以可以得到與實際鍛鍊身體近似的效果。

對於專業運動員來說，為了讓身體可以依照自己所想的動作，會擅用想像鍛鍊這個方法。但是在「掌控緊張」上，想像鍛鍊也有著非常重要的意義。

● 想像鍛鍊有助減緩過度緊張的理由

杏仁核會在兩毫秒的瞬間反應裡，將當下發生的事情與過去的記憶、經驗資料庫做對照。換句話說，記憶中的細微部分，杏仁核並不會去一一檢視。因此，杏仁核無法區分

「實際記憶」與「細部想像後的記憶」。能夠做出「那只不過是想像」的判斷或認識的，是由大腦新皮質（理性）來進行，但與杏仁核的判斷時間相較之下，要明顯慢上許多。

也就是說，只要確實進行想像鍛鍊，就能不斷累積「成功完成四迴旋跳躍」的經驗值。

在索契冬季奧運之前，羽生選手的四迴旋跳躍的成功機率大約只有六十％左右。如果這樣下去的話，在羽生選手的腦內資料庫中，就會留下「三次中有一次失敗」這樣的資料。但透過想像鍛鍊的成功四迴旋跳躍，應該會讓腦內的成功機率提升到「九十％」，不，「幾乎是一〇〇％」的程度。

因此，即使站上了像奧運這樣的世界舞台，也能無懼現場氣勢，帶著自信，成功完成四迴旋跳躍，贏得最終的勝利。

基本上，越是專業的運動員，對於想像鍛鍊就越講究。所以像我們這樣的外行人、普通人，更應該要活用想像鍛鍊。

在那些不擅長應付緊張的人的腦內資料庫中，應該存在著很少的成功資料。「零勝十敗」、「一勝九敗」……腦內盡是這樣的資料，就算杏仁核再怎麼不願意，也不得不做出「危險」的判斷，發出「緊張」的施令。對於初學者或是外行人來說，要實際透過對戰贏得勝利，讓對戰成績向上攀升，或許不是件容易的事，而且也需要花上一些時間。這時，想像鍛鍊就顯得格外重要。

在腦中想像一場贏得「勝利」的競賽流程，透過對真實的假想，可以增加「假想勝利」的次數。也就是對腦內資料庫做出像是「五勝五敗」、「六勝四敗」的改寫。如果能夠做到這樣，杏仁核便很難判斷「這是顯而易見的危險狀態」，自然也就不會發出「緊張」的施令了。

● 想像鍛鍊的七個有效方法

雖說是進行想像鍛鍊，但也不是隨便想像就能得出效果的。因此，接下來向各位介紹只要徹底執行，便能得到效果的七個有效方法。

① 放鬆想像

剛開始的階段，請找個安靜、可以讓內心感到平靜的地方，提高自己的集中力。等到習慣之後，像是電車或是嘈雜的地方，也都能進行練習。

以我來說，大多選在洗澡的時候進行。由於這時身體是處在放鬆狀態，自然不會出現一些負面雜念。另外，也因為這時比較容易進入自己的世界，所以能夠集中精神，進行想像鍛鍊。

②視覺化

雖然沒有實際出現在眼前，但在自己腦中清楚想像著將它實現的方法，就是視覺化。彷彿就像自己正在看電視一樣，越是鉅細靡遺，效果越好。

③活用五感

視覺是最重要的，但如果可以活用視覺以外的五感來進行想像，可以得到更接近現實的想像。像是聽到了什麼聲音（聽覺）？是溫暖還是冰冷（溫痛覺）？透過身體所觸碰到的感覺（觸覺）等，請活用五感來進行想像吧！

④想像目標及過程

所謂想像鍛鍊，就是想像「成功」的鍛鍊。舉例來說，想像在棒球比賽中，因為勝利，整個人被隊友們合力拋高的畫面。或者是想像大考放榜，看到自己的編號被張貼在合格的榜單上，當場興奮狂跳的自己。就像這樣，想像「目標」或是「成功畫面」是很重要的。

可是光是這樣，感覺想像出來的畫面還是有些簡單、草率。如果是運動競賽，整場比賽的流程是如何？當比賽面臨到何種危機時，自己為球隊做出什麼樣的貢獻？如果沒有仔細在腦中去想像這些流程，到了正式比賽時，身體和頭腦是不會依照我們想像的內容去執行的。

⑤細節部分也要想像

所有可能想像得到的細節，都請盡可能做出想像。想像的細節越是詳盡，越有助於結果的實現。比方說，如果是運動員，可以想像肌肉活動的瞬間、身體的協調性、身體的感知、場上的氣氛或是空氣中的氣氛等，將這些極為細部的細節，透過想像真實重現。如同正在看著自己的慢動作畫面一樣，對細部細節進行想像鍛鍊是有必要的。

⑥持續進行想像鍛鍊

如果想像鍛鍊只有做一次，是起不了什麼作用的。所以，請在腦中不斷地進行成功的想像鍛鍊。越是反覆練習，想像的畫面也會越加鮮明，越是能在腦中留下深刻記憶。

⑦每天進行鍛鍊

比起一次性地長時間鍛鍊，不如短時間但每天都能確實鍛鍊要來得好。一天五分鐘，每天持續進行。我認為這是一個不錯的練習節奏。舉凡考試、發表、盛大場面等重要活動的前一週開始，請持續每天進行鍛鍊吧！

但如果是事到臨頭才做個一兩次，是不可能馬上得到效果的。

●請停止負面的想像鍛鍊

如果有從事過高爾夫球運動的人，一定會有過下面這樣的經驗。

下一次的揮桿如果能打上果嶺，就有小鳥球（低於標準桿一桿）的機會。但果嶺前面有一個大水池。從距離來看，只要按照一般揮桿，應該可以輕鬆地將球打到果嶺上。可是，就在揮桿前，腦中卻突然閃過「要是掉到水裡怎麼辦？」這樣的想法，接著一揮桿，果真球就這麼掉進水池裡。

想像鍛鍊的效果真的非常強大。不知道為什麼，身體就是會無意識地依照所想的來行動。因此，如果腦中有了「球會掉進水裡」的想像，那就是做了負面的想像鍛鍊，而這樣的負面想像也會就這麼被實現。

因此，在正式上場前，請絕對不要進行「負面的想像」。

另外，演講前如果做了「要是待會演講到一半，腦筋突然一片空白的話該怎麼辦？」也是一樣。抱持這樣的「負面想像」，就像是替自己引來過度緊張的情緒一樣。

請用「流暢地進行演說」、「接受台下不絕於耳的熱烈掌聲」、「台下聽眾各個聽得津津有味」、「得到主辦單位『這真是一場精采演說』的讚美」等壓倒性的正向想像，來沖走原有的負面想像吧！

「〇〇的話該怎麼辦？」這樣的擔心、不安，都會成為負面的想像鍛鍊。所以，請停止負面的想像鍛鍊吧！

掌控去甲腎上腺素方法4

收集正確情報

我們來想想看其他的模式吧！走在路上時，發現自己的腳邊竟然有一條蛇，「啊～有蛇！」受到驚嚇的你，瞬間向後退開。而緊張和恐懼，也在那一瞬間達到最高峰。可是如果再仔細看，原來只不過是一條「繩子」而已。

這時，原本的過度緊張立即轉為放鬆，由原本的不安立即轉為安心，恐懼也消失得無影無蹤。

因為杏仁核只有兩毫秒的反應時間，所以並不是等到真的確認是蛇之後，才發出危險信號，而是看到的瞬間，判斷「那是像蛇的東西」，便如同條件反射般，瞬間發出危險信號。

另一方面，如果再仔細看，「這可不是蛇喔！只是普通的繩子而已」，像這樣經過詳細觀察、充分收集情報之後，大腦新皮質會以此為根據進行「思考」或是「判斷」。也就是「理性的判斷」。我想是可以用「理性」這個詞彙來表示的。

換句話說，杏仁核會在一瞬間發出「紅色」的危險訊號。接著一秒鐘後，「理性」會去對這複雜的情報進行分析，再轉為「藍色」的安全訊號。

由於杏仁核是在瞬間做出判斷，所以很容易做出「錯誤判斷」。因此，之後經由「理性」做出的「情報」、「思考」、「分析」，會讓人產生安心的感覺。

杏仁核是一種「古老的腦」。凡是所有擁有腦的生物，都擁有杏仁核。就連魚類也有杏仁核。杏仁核可以說是一種實踐自我生存的法則，讓生物可以規避危險，存活下去的必須防衛系統。

另一方面，大腦新皮質則是一種「新的腦」。凡是哺乳類生物，都擁有大腦新皮質。如果和黑猩猩相比，人類的大腦新皮質大約是黑猩猩的三倍大。人類之所以可以營造出像人類的樣子，就在於「新的腦」（大腦新皮質）。

或許藉由下面的說明，會讓各位比較容易想像：**在人類的腦中，「杏仁核」與「大腦新皮質」，也就是「古老的腦」與「新的腦」，持續進行著「反射」與「理性」的霸權之爭**。就如同駕馭者（大腦新皮質）一直拚命控制著眼前暴走的悍馬（杏仁核）一般。

●「情報」可以控制暴走的悍馬！

所謂容易緊張的人，就是杏仁核容易暴走的人。或許也可以說，就像是原始人一樣的人。可是漸漸地開始有意識地運用「新的腦」（大腦新皮質）之後，大腦新皮質的優越性便得到提升，也變得容易去掌控緊張這種情緒。

可以用理性去控制暴走的杏仁核，就只有人類了。只有人類可以將反射性的情緒，透過理性，「不，不是這樣的」，像這樣做出支配、矯正以及控制。

但這點黑猩猩是做不到的。人類應該要多加運用這種「理性」才對。應該要增強這個

表六 —— 杏仁核與前額葉皮質的關係

杏仁核	前額葉皮質
情緒變化	理性
反射	控制
古老的腦（大腦邊緣系統）	新的腦（大腦新皮質）
不正確（重視速度）	正確（重視正確度）
緊張、不安、恐懼	認識、思考、判斷

讓人類之所以可以像人類的「大腦新皮質」。而方法就是「情報」。

有一項有趣的研究。據說**當語言情報進入到大腦新皮質後，可以鎮靜杏仁核的活動**。也就是說，語言情報具有鎮靜杏仁核的效用。

舉例來說，當你走在路上時，看見腳邊有一條蛇。感到恐懼的同時，也讓你嚇得直往後退。這時，如果身旁友人對你說：「那是錦蛇，沒有毒的。」瞬間，你的恐懼會完全消失，也由原本的不安轉為安心。

●「情報」＝「安心」的法則

再以格鬥比賽為例。對戰前必須徹底調查對手，像是觀看對方過去的對戰影片、了解對方的絕招或是拿手的技巧等。另一方面，對手不擅長的對戰形式也要分析，模擬出最好的對戰方式，利用容易讓對方陷入苦戰的模式來擬定策略。在對練等場合時，要徹底練習事前擬定的「必勝模式」。只要充分掌握對手的情報、事前確實擬定好策略，就不會感到不安，可以安心準備迎戰。

但如果對方是在擂台賽中表現出色且排名前面的新人選手呢？如果是這種情況，一來不清楚對方過去的對戰成績，二來也無法取得所謂的過去對戰影片，到底對方有多少實力，一點也不得而知。這時，要用什麼樣的形式來準備迎戰呢？對方的必殺絕技又是什麼？如果像這樣賽前情報完全無法掌握的話，真的會讓人感到相當忐忑，接著伴隨而來的，就是不安、恐懼的累積，內心緊張的情緒也不斷地向上攀升。

雖然對手的實力完全沒有任何變化，但光是充分掌握「敵方」或是「對手」的情報這件事，就能讓人感到安心。因為情報分析這樣的動作，會讓大腦新皮質將杏仁核所製造出的「過度緊張」或是「恐懼感」等塵封起來。

請盡可能地去收集敵方的情報吧！光是這麼做，就能大幅減緩過度緊張的情緒。

考生就先從「考古題」著手！

如果是考生，「練習考古題」就是「掌握敵方情報」的方式。過去我也曾受邀參加NHK E－Tele專為考生製作的節目「考試的花道 新讀書研討會」。因為這樣的關係，我有很多與考生對話的機會。其中，讓我感到相當驚訝的是，原來重視「考古題」的學生並不多。

就算沒有練習「考古題」，好歹也該做做市面上販售的「問題集」吧？但就算做了「考古題」，幾乎所有人都只做了過去三年份的考古題便覺得心滿意足。

為什麼那麼多人都只有做過去三年份的考古題這點，我完全不能理解。會出現與一年前或是兩年前完全相同考題的機會並不多，但五年前或是六年前的題目，由於「受到的關注已經漸漸平息」，所以相同題目或是極為類似的題目再次列入考題的機率是很高的。這不只可以驗證在高中或是大學的入學考試上，就連各種國家考試或是資格考試等，也都是同樣的道理。

每年都出完全不同考題並且持續十年以上是不可能的。因此，每當我在準備考試時，都會努力去完成過去十年份的考古題。

前陣子，我參加了「威士忌專業考試」，也順利取得合格通知。或許說這是「威士忌調酒師」會更恰當。直到二〇一七年，順利通過考試的人僅有二百四十四位，可說是難度相當高的考試。

由於我參加的是自舉辦以來第十一次的考試，所以考試前，我將前面十次的考古題全部收集過來，直到可以全部做出正確回答之前，不停地努力練習。

從研究過去考古題的過程中，我可以漸漸掌握出題形式。如果是「威士忌專業考試」，大約有八十％是與過去考古題完全相同，或者說幾乎相同。剩下的二十％則是新題，或是有關最新販售的威士忌、最新開幕的蒸餾所之類的問題。因此，首先請好好研究過去的考古題，直到可以完美作答的程度後，再去了解有關威士忌的最新訊息。只要能夠做到這點，幾乎就可以安心應考了。

考前幾乎已經掌握了可能出題的內容，實際上也照著預先設想的形式，出現與預先設想的題目幾乎一樣的考題。

另外，我在練習考古題時，會如同正式考試一樣，一邊計算時間，一邊進行作答。

也因為做了這樣的練習，我才了解「原來論述題型不少，可能會有時間不足的危險」。可是，儘管知道可能會有這樣的危險，但在發下答題用紙的瞬間，我的作答時間也就這麼被定下來了。此時能夠做的，也只有以飛快速度拚命答題而已。但即使如此，我還是會在考試結束前三分鐘，完成所有作答。當時，有幾位和我一起參加考試的朋友，其中也有不少人無法在規定時間內完成作答的。

如果能事前一邊計算時間，一邊進行作答練習，就能察覺到在正式考試時，可能會出現「時間不足」的問題。明明只要研究考古題就能避免這樣的情況發生，就因為時間不足的關係，讓原本可以作答的題目就這麼交了白券上去，真的是相當可惜的一件事。

再回到剛才說的「練習過去十年份的考古題」這件事。這是我個人的應試技巧，也是每次在準備考試時一定會做的事。也因為這個方法，到目前為止，讓我順利通過醫學部考試、國家醫師考試等。

對於考生來說，「了解敵手」就等同於「練習考古題」。如果能正確掌握過去十年份的考古題，將會得到連自己都難以置信的自信。讓過度緊張的情緒根本沒有出現的機會。

情報就是安心。根據「正確的情報」，可以活化我們的語言腦，將杏仁核封鎖，抑制緊張或是不安的情緒。因此，透過情報收集，增加情報量，可以增加安心感。請記住，

「光是在腦內輸入正確情報，就會讓腦感到安心」。

掌控去甲腎上腺素方法5 將正向積極的話掛在嘴邊

●「沒問題」這句話有效嗎？

「沒問題。一切都會順利的。」

「銀座MARUKAN」的創始者，每年納稅金額名列前幾名的日本鉅富齊藤一人說，只要說出「沒問題。一切都會順利的」、「沒問題。沒問題」這樣的話，一切都會順利下去的。但真的是這樣嗎？

心靈層面上的意義我是不太清楚，但如果就腦科學來看，確實是這樣沒錯。語言情報可以安撫杏仁核。也就是說，**當你感到過度不安時，光是發出聲音說「沒問題。沒問題」，就能抑制杏仁核的興奮狀態，減緩不安的情緒**。

儘管實際上沒有產生什麼變化，卻可以消除「心理上」的不安，讓自己可以慢慢冷靜下來，沉著應對。而且，判斷力也會跟著提升。比起不安時什麼都無法進行的狀態，不僅能做出較為正確的判斷，也能採取較為正確的行動。從結果上來看，確實是讓「沒問題。沒問題」的狀態得以實現。

藉由嘴巴確實將正向、積極的話說出口，就會有好事發生，這就是「肯定」。近來，在腦科學的研究中，也釐清了肯定效果的作用機制。

透過自己對自己說出「肯定」的話，可以刺激腦部的腦部網狀活化系統（RAS），更換腦內神經路徑的配線連結，讓有助於達成目的的情報整理集中，並與過去的知識或是體驗產生連繫，使得「說出口的話」得以實現。為了活化RAS，「透過嘴巴說出口」、「透過文字寫出來」是有必要的。如果只有悶在心中想或是只有暗自默禱的話，是完全不夠的。

所以，請將正向積極的話掛在嘴邊。「肯定」或是「咒語」是減緩過度緊張相當有效的方法。

「肯定效果」的做法、唱頌方法

具有效果的「肯定效果」做法，有下列幾項重點：

一、以「我」為主詞；

二、用現在進行式表示；

三、用斷定的形式表示。

下面，我們就來列舉一些例句吧！

「我可以在大家面前從容地發言。」

「我可以愉快地享受在人前發言。」

「我可以在眾人面前發言，真是一件幸福的事情。」

「我可以相當放鬆地在人前發言。」

「我不管什麼時候，都能發揮自己的實力。」

「我的集中力越來越高。」

「我一定可以通過考試。」

「我可以在考試中拿下最好的成績。」

「我能掌握考試中的所有答題。」

「我可以沉著冷靜地發揮平常的實力。」

請參考這些範例，找出適合自己的「肯定效果」的話吧！據說，「肯定效果」的話，在早上或是睡前唱誦特別有效果。唱頌時，請同時運用想像鍛鍊的要領，試著將言語的內容做出視覺化的想像。

平常就將適合自己的「肯定效果」的話掛在嘴邊，讓它成為口頭禪。等到真正上場感到過度緊張時，就請重複地唱頌。

「語言情報具有鎮靜杏仁核的效果」、「就腦科學來說，肯定是具有確實效果的」，請帶著確信的心情去唱頌適合自己的正向積極的話。只要這份確信沒有動搖，一定可以減緩過度緊張的情緒。

你是不是在唱頌「惡魔的咒語」？

我想各位已經理解「肯定」在腦科學中是極具效果的做法。可是，卻有很多人一直在進行「錯誤的咒語」。那將會招來負面效果，甚至也被稱為是「惡魔的咒語」。

「今天絕對不緊張！」、「這次絕對不會失敗」、「已經努力這麼久了，應該不會不合格的」。這些，全都是「惡魔的咒語」。

據說**人腦不能辨識否定語**。比方說，一個戒菸中的人越是告訴自己「我不吸菸！」、「我絕對不吸菸！」可是腦中卻越會意識「吸菸」這件事，因而會變得更想吸菸。對腦來說，雖然可以理解否定語的意思，但卻無法辨識否定語中無意識的部分。

以「今天絕對不緊張！」這句話為例。頭腦無法辨識「不」這個否定部分，只會對「緊張」這個詞彙產生強烈意識。一旦產生「緊張」意識，實際上意識也會朝向緊張趨近，因而變得緊張起來。那麼，應該要怎麼說才好呢？

「今天就放鬆一下吧！」像這樣就可以了。

「這次絕對不會失敗」這句話也是一樣。由於腦部無法辨識「不」這個詞彙，只會對「失敗」這個詞彙產生強烈意識。一旦產生「失敗」意識，身體也會不自覺地施力，導致真正的失敗。

這時，只要用「就照平常一樣來做吧！」這句話就可以了。

●「開心期待」是具有魔法的語言

哈佛商學院的布魯克斯教授，對此則是相當感興趣地進行了研究。

他讓受試者接受下列三種狀況的體驗，分別是「演說」、「回答數學難題」以及「唱卡拉OK」。這三種都是會伴隨緊張的場面。他讓受試者在測試開始前，要從嘴巴說出「開心期待」或是「沉著冷靜」這兩句話的其中之一。

從結果來看，演說開始前從嘴巴說出「開心期待」這句話的講者，外表看來顯得輕鬆，可以完成一場內容相當具說服力的長時間演說。

另外，回答數學難題前從嘴巴說出「開心期待」這句話的小組，與從嘴巴說出「沉著冷靜」這句話的小組，或是什麼話都不說的控制組相比，答題的正確率平均要高出八％。

在卡拉OK的實驗中，唱歌前從嘴巴說出「開心期待」這句話的小組，根據系統的評分結果，在音程、音準及音量上，都有達到平均八十％的準確率。另一方面，唱歌前從嘴巴說出「沉著冷靜」這句話的小組的準確率只有六十九％。而唱歌前從嘴巴說出「不安」這句話的小組的準確率只剩下五十三％而已。

布魯克斯教授表示，「不安的情緒是造成最終可能得到不好結果等否定想法不停在腦中盤繞的原因。從嘴巴說出『開心期待』這句話，會讓情緒往得到好結果的方向調整，並且得以實現。剛開始或許很難相信，但實際從嘴巴說出『開心期待』這句話後，會在內心湧現一股開心期待的情緒。」

在面臨過度緊張的場面時，只要一開始先從嘴巴說出「開心期待」這句話，就會像被施了魔法般，做出完美呈現。很多人會在自己過度緊張時，不斷告訴自己「要冷靜！要冷靜！」，但是這句「要冷靜！」反而會招來反效果。要是還說出「不安」這樣的話，更是糟糕至極。

就像前面所說的，負面的話絕對不能說出口。還有，像是用「不」或是「不會」這種否定用語的情況，也請徹底避免。

如果嘴巴說出正向積極的話，頭腦也會朝著正向積極的方面運作；如果嘴巴說出負面消極的話，頭腦也會朝著負面消極的方面運作。從嘴巴說出負面消極的話，就如同給了一個「負面的自我暗示」，會給自己帶來多餘的不安，這點請務必注意。

掌控去甲腎上腺素方法6

葉加瀨式過度緊張緩和術～總之，先享受！

在演唱會或是音樂演奏會現場進行樂器表演時，就算是專業的表演者，也會出現過度緊張的情緒。

為什麼演奏樂器也會緊張呢？那是因為只要彈奏出現失誤，在場所有人就能馬上察覺的關係。

如果詢問擁有絕對音感的人，對他們來說，只要「一個音」出錯，他們當下就能立刻察覺「糟糕！音跑掉了」。如果演奏的是自己的原創曲那還好，但如果是眾人熟知的古典名曲，就算想蒙混也很難。

以我自己在演說時的情況為例。原本應該要說的一句話，不小心讓我給跳了過去。但即便是這樣，也應該不會有人察覺哪裡不妥吧！因為台下聽眾原本就是在不知道我講稿內容的情況下，坐在台下聽我演說的。可是換成了音樂演奏的情況，由於有樂譜這種東西，演奏者必須依照樂譜進行演奏，所以無法隨便蒙混過去，這讓演奏者的緊張程度大幅提升。

不知道各位有沒有看過小提琴家葉加瀨太郎的演奏？葉加瀨總是看似享受般，用生氣勃勃的表情不時展露出熱情，將自己的情感、思緒透過手中的小提琴傳達出來。首先，就是將自己享受演奏「樂趣」的這份心情，透過全身盡情地展現出來，讓「台下聽眾也能充分享受這場演奏」。這樣一來，自然就會忘記緊張到底是什麼了。

「過度緊張」和「享受樂趣」是完全相反的情感。根據北卡羅萊納州立大學的心理學者弗雷德瑞克森博士的研究，**肯定情感可以消除或是解除否定情感所帶來的不好影響**。肯定情感可以恢復身體及情感上的平衡狀態，消除否定情感所帶來的影響。

也就是說，「非常享受」這樣的積極情感，會讓「非常緊張」這樣的消極情感得到緩和。

● 進入「專區」的方法

經常可以聽到運動員在賽後接受訪問時，提到自己是「一邊享受恰好的緊張同時，一邊完成比賽」。

「恰好的緊張」和「享受」是並存的情感，而這種狀態就稱為「專區」，是可以讓集中力及表現發揮到最好的狀態。如果用倒U型理論來說明的話，就是在山頂的部分。

處在「專區」狀態時，會出現類似「周圍人的行動都顯得相當從容」、「球看起來就像靜止了般」這樣的現象。如此集中、敏銳的狀態就是專區。

如果能進入發揮最高集中力及最完美表現的「專區」狀態，可以說已經是處在一個稱得上是「無敵的狀態」了。

從腦科學的角度來說，「專區」是去甲腎上腺素、血清素、多巴胺三種腦內物質處於

良好平衡時所呈現的狀態。

去甲腎上腺素可以讓集中力及身體機能達到高峰；血清素則可以完全掌控去甲腎上腺素、多巴胺，甚至血清素本身這些腦內物質的分泌。再加上多巴胺所帶來令人感到「愉悅」的情緒。

多巴胺可以提升動力、意欲，集中注意力，提高學習效能，並且帶來「幸福感」。如果想要進入「享受緊張感」這樣的狀態，是絕對不能沒有多巴胺的。

為了促使多巴胺的分泌，將注意力放在「享受這個瞬間的當下吧！」、「讓聽眾可以盡情享受」這些事情上是有必要的。從現在開始，不要再說「天啊！又開始緊張起來了，該怎麼辦？」而是要說「現在就來好好享受這個緊張吧！」

或者說出像是「我現在的心情好雀躍啊！」這樣的話也是有效果的。因為心情雀躍時會被分泌的物質就是多巴胺。

此外，多巴胺也會因為「目標設定」或是「想像目標達成」而被分泌。也就是說，想像鍛鍊其實也是讓多巴胺分泌的一種鍛鍊。如果感到「又開始緊張起來了」的時候，只要進行「成功畫面」的想像鍛鍊，就能促使多巴胺的分泌。

所謂專區，就是去甲腎上腺素、血清素、多巴胺這三種腦內物質處於三位一體的狀態。只要稍微提高一下自我的觀察力，就可以察覺當下的自己，究竟是哪種物質處於過剩的狀態？哪種物質處於不足的狀態？如此一來，便可以「血清素控制法」、「去甲腎上腺素控制法」，或是現在所說明的「多巴胺控制法」來進行調整了。

這麼做的話，就能意識性地、意圖性地進入「專區」的狀態了。

掌控去甲腎上腺素方法7 自動舉手！

你是勉強自己在做下述這些事情嗎？

演說、考試、發表會等容易讓人感到緊張的場面，無法讓你用愉快的心情去投入其中嗎？你不是用「自發性」、「正向」、「積極」的態度去投入，而是用「不得已」、「沒其他辦法」、「可以不做就不做」的心態在應付這些場面嗎？

如果是這樣的話，那麼這些心態就是導致你「過度緊張」的原因。

因為當你想到「討厭！」的瞬間，去甲腎上腺素就會開始分泌。

當「好討厭！」、「完蛋了！」、「真難熬！」、「真痛苦！」這些負面情緒湧上來的時候，你認為在這樣的狀況下，對你來說是「危險」呢？還是「安全」呢？

是「應該避免的情況」呢？還是「應該高興的情況」呢？

「好討厭！」、「完蛋了！」、「真難熬！」、「真痛苦！」這些情緒是危險的，但卻會在應該避免的時候湧上你的心頭。換句話說，在這個瞬間，杏仁核是處於興奮的狀態，而作為危險信號的去甲腎上腺素也會被分泌出來。

「有誰可以負責下個月的發表？」這是主管可能會說的一句話。這時，或許你會不停在心裡用念力祈禱「千萬不要是我！千萬不要是我！」但接著主管突然指明說：「你！就你來吧！」就算心裡有千萬個不願意，也只能心不甘情不願地接下這份工作。這時你的這種「心不甘情不願」的態度，就是引發過度緊張的根源。「心不甘情不願」＝「危險」。應該要讓杏仁核處於興奮，改寫自己的腦內資料庫才對。

可能有人會想：「去甲腎上腺素被分泌出來的話，可以提升表現，不是也不錯嗎？」但如果是用心不甘情不願的態度，勉強自己去做的話，反而會產生「皮質醇」這種壓力荷爾蒙。

由於皮質醇會帶給海馬迴不良影響，也會使得記憶力及學習能力變得低下。換句話說，用「心不甘情不願」的態度去做，只會影響表現而已。

所以，**當主管說：「有誰可以負責下個月的發表？」時，你應該用最快的速度舉手**

說：「請務必讓我來試試看。」

用「心不甘情不願」的態度去做，就是一種「迴避」行動。相反地，如果用「自動自發」的態度去做，就是一種「接近」行動。也就是，當你說出：「請務必讓我來試試看。」這句話的瞬間，多巴胺就被分泌出來了。

由於杏仁核只會在「迴避」或是「接近」這兩者中二擇一，光是說出「請務必讓我來試試看」這句話，就能切換到多巴胺模式，並且抑制去甲腎上腺素模式。換句話說，光是說出「請務必讓我來試試看」這句話，就能營造出一個「不容易緊張」的狀況。

在「掌控去甲腎上腺素方法6」中，已經向各位介紹了「用享受來抑制過度緊張」這樣的方法。而這裡介紹的「自動舉手」，同樣會讓腦部判斷你目前正處於一個「愉快」的狀態，所以不會讓你有過度緊張的情況發生。

●腦內物質在先，情緒在後

腦內物質會先分泌，之後才會產生情緒。

就算內心沒有想做的意欲，但只要勉強自己說出「我願意做！」的瞬間，就會促使多

表七 ——「自動自發的人」與「非自動自發的人」的差異

自動自發的人	非自動自發的人
分泌多巴胺	分泌去甲腎上腺素 （也會分泌皮質醇）
幸福物質	緊張物質
享受	討厭、痛苦、難熬
接近	迴避
動機⬆ 學習能力⬆ 記憶力⬆	動機⬇ 學習能力⬇ 記憶力⬇ （皮質醇的影響）
阿姆羅・雷 習慣挑戰 「阿姆羅，去吧～」	碇真嗣 習慣逃避 「不能逃避。」
提升表現	影響表現
緊張的煞車	緊張的油門
不會過度緊張	容易過度緊張

巴胺分泌，慢慢湧起一股「想做的意欲」。因此，雖然自動舉手接下不擅長的工作是一件難事，但如果這會讓你感到困難的話，就更應該要積極舉手說：「請務必讓我試試看。」

是要心不甘情不願做？還是要自動自發做？選擇心不甘情不願做的人，從準備階段開始，去甲腎上腺素就處於不穩定的狀態，到了真正上場時，更會在強烈的去甲腎上腺素影響下，陷入過度緊張的狀態。

而選擇自動自發做的人，從準備階段開始，多巴胺就開始分泌，心情處於愉悅的狀態，不管是意欲、動力、集中力還是效率等，都能得到提升。等到真正上場時，多巴胺也會持續分泌，進入「情緒高漲模式」或是「絕佳狀態模式」。用愉悅的心情享受其中的同時，一邊迎接重要關頭的到來。而這正是與過度緊張完全相反的狀態。甚至可說是一種與過度緊張完全扯不上關係的狀態。

以參加中學入學考試的小學生為例，也是同樣的情況。這些小學生「原本就不想參加中學入學考試」，無奈在父母逼迫下，開始了考試的準備。這種情況下，不要說提升學習動力了，甚至還可能直速下降。等到真正考試當天，因為「抗拒考試」的情緒引發了迴避反應，導致去甲腎上腺素分泌，提高了不安、緊張的情緒。

但如果是本身抱持著「無論如何，我就是想進○○大學的中學部」這種想法，而自動自發接受入學考試的小學生，他們就會以一種正向、積極、主動的態度，投入在學習這件事情上。

由於多巴胺被分泌的關係，在集中力及記憶力提高的同時，學習效率也會跟著提升。到了真正考試那天，就會以一種「開啟自己未來大門」的正向心態，享受考試的當下。由於多巴胺被分泌的關係，集中力也得以提高，發揮完美的表現。

要自動自發去做？還是心不甘情不願去做？

你所抱持的態度，將會為結果帶來一百八十度的轉變。

●不想陷入過度緊張，請以阿姆羅為目標

動漫作品《新世紀福音戰士》中主角碇真嗣的口頭禪是「不能逃避、不能逃避」。討厭戰鬥的碇真嗣，為了與敵人「使徒」戰鬥，而不得不操縱人型決戰兵器EVANGELION出擊時，由於受到「不想戰鬥」這種不安、恐懼和過度緊張的侵襲，會一邊不停說著「不能逃避、不能逃避」，卻又一邊陷入停止思考、停止行動的狀態。

「不能逃避」是造成過度緊張、不安、恐懼的最強魔法咒語，絕對不能說出口。這句

話中除了出現「不能」及「逃避」這兩個負面詞彙之外，「逃避」這個詞彙越是使用，越會讓人出現想要「逃避」的意象。

碇真嗣有「逃避的習慣」。而「逃避的習慣」很容易活化去甲腎上腺素。由於過去「逃避的習慣」使得去甲腎上腺素被分泌，所以想用逃離的方式確保自己安全這樣的模式，會在腦中被定型。

你是否也會對自己不擅長或是討厭的事，抱持著想盡可能逃避的習慣呢？如果有的話，毋庸置疑，可以改正這種習慣肯定是比較好的。「逃避的習慣」就等於是「讓去甲腎上腺素分泌的習慣」，而這也是造成「容易緊張」的原因。

如果「不能逃避」這句話是絕對不能說出口的話，那麼要說什麼才好呢？關於這點，我們就向《機動戰士鋼彈》中的阿姆羅．雷學習吧！

「阿姆羅，去吧～」

這句話就可以促使多巴胺被分泌。同樣都是「不得不去與敵人戰鬥，不得不出擊」的情況，說出「不能逃避」這句話時，會促使去甲腎上腺素被分泌；說出「去吧～」這句話時，則會促使多巴胺被分泌。

光是改變說話內容，就能改變腦內的分泌物質，從「極度緊張」的人變成能夠「享受緊張」的人。

掌控去甲腎上腺素方法8

活化前額葉皮質

● 透過腦部訓練提升情緒控制力

可以抑制掌管「情緒波動」的杏仁核的「理性」角色是「大腦新皮質」。而在「大腦新皮質」中，擔任抑制杏仁核這個特別任務的，就是「前額葉皮質」。

如果要說明「前額葉皮質」的位置，大約就是在額頭的後方。

「前額葉皮質」擔任下列這些任務：

一、思考、推論等認知・實行的機能；

二、抑制行動；

三、溝通；

四、決策；

五、掌控情緒波動；

六、**工作記憶；**

七、意識、注意力、集中力；

八、創造力。

「前額葉皮質」擔任各式各樣的任務。但如果要用簡單一句話來形容，就是「掌管思考．運動．創造的最高司令塔」。當我們利用頭腦進行思考時，就是在活化前額葉皮質。可以說，前額葉皮質兼具「理性」及「知性」的地位。

當前額葉皮質確實執行任務時，則不會出現杏仁核失控的情況。即使杏仁核真的出現難以控制的情況，前額葉皮質也能立即讓它鎮靜下來。因此，「過度緊張」的人是因為他的前額葉皮質運作疲乏，或是稍微處於低下狀態的緣故，而這也可能致使他原有的潛力無法正常發揮。

舉例來說，憂鬱症患者的前額葉皮質就是處於低下狀態。一般認為罹患憂鬱症時，會出現「不安」、「無法控制情緒」、「焦躁」、「易怒」等症狀。而這些症狀被認為就是因為前額葉皮質無法控制杏仁核才會引起的。

如果前額葉皮質處在低下狀態，就容易出現杏仁核難以控制的問題，也就是容易陷入過度緊張或是不安。造成前額葉皮質運作低下的原因，像是連續加班，或是稍微沉重的壓力等都有可能。

不知道各位是否聽過「腦疲勞」這個詞彙？基本上，「腦疲勞」的狀態就是前額葉皮質的運作處於低下的狀態。

所以，只要讓前額葉皮質的運作恢復到平均程度，或是平均以上的話，就可以提高「控制情緒」的能力，也就不會出現過度緊張的問題。

有關提高前額葉皮質運作的方法，可以參考我的拙著《精準用腦》（楓書坊）。容易出錯的人，代表他的腦是處在疲勞狀態，特別是前額葉皮質。前額葉皮質掌管「工作記憶」。一旦前額葉皮質疲勞，工作記憶也會跟著低下。於是，腦部的作業空間變得狹小，失誤也就跟著多了起來。

在《精準用腦》中，介紹了「提高工作記憶的九個方法」，而這九個方法也可以說是「活化前額葉皮質的方法」。

所謂「提高工作記憶的九個方法」，分別是：

一、**睡眠**；

二、**運動**；

三、**親近自然；**

四、**讀書；**

五、**運用記憶力；**

六、**心算；**

七、**棋盤遊戲；**

八、**做菜；**

九、**正念。**

這些全部都是活化「前額葉皮質」的方法，希望各位可以確實地加以實踐。至於各個方法的具體內容，可以參考《精準用腦》一書。

另外，也有讓前額葉皮質機能低下的習慣，那就是「智慧型手機」、「社群網路服務」（特別是LINE）、「遊戲」等。如果長時間從事這些娛樂，會造成前額葉皮質機能低下，所以使用時間應做好掌控。

掌控去甲腎上腺素方法9

制定例行動作

五郎丸例行動作的腦科學祕密是什麼？

人在過度緊張時，會在腦中浮現像是「失敗的話怎麼辦？」、「失誤的話怎麼辦？」這樣的不安或是雜念。通常像這樣的消極雜念，越是想要將它消除，它就越容易出現。想要乾淨俐落地甩掉這樣的雜念，其實是有辦法的。那就是「制定例行動作」。

像是運動選手為了讓自己在關鍵時刻可以集中注意力所進行的「制式動作」，就稱為「例行動作」。

在二〇一六年的世界橄欖球盃中，擔任後衛的日本代表選手五郎丸步，因為他在罰點球前做了例行的兩手食指相對的「五郎丸手勢」，而成為一股話題。不只許多小朋友會加以模仿，還入圍了當時的流行語大賞。

另外，活躍於美國大聯盟的鈴木一朗選手，每當站上打擊區時，一定會先將球棒伸出並直立眼前，再用左手拉一下右手的衣袖，完成一連串的例行動作。一朗選手的這套例行動作也是相當有名。

「例行動作可以有效減緩過度緊張」，幾乎在所有與「緊張」相關的書中都會提到。從那些頂尖運動員也會採用例行動作這樣的做法來看，例行動作肯定有著強大的效果。

那麼，為什麼透過「例行動作」可以有效減緩過度緊張呢？

五郎丸選手的例行動作是：先大口吸氣（1）；接著用右手做祈禱動作（2）；兩手臂及兩肩做兩次向下後繞（3）；左手及右手進行三次合起（3）；一邊左手及右手交叉做出五郎丸手勢（4），一邊看一下球門柱（5）；接著鬆開兩手，做出準備踢球的姿勢，最後再看一次球門柱（6）；俐落地將球踢出（7）。在前後大約二十秒的動作中要完成七個動作，其實也是挺忙碌的。

那麼接下來，就請各位試著仿照五郎丸選手的例行動作，時間上也請模仿五郎丸選手的時間分配來進行吧！在進行模仿時，請在嘴邊重複念三次「要是失誤的話怎麼辦？」、「要是失誤的話怎麼辦？」、「要是失誤的話怎麼辦？」。如何呢？各位是否能夠順利完成五郎丸選手的例行動作呢？我想應該是不可能順利完成的。

如果嘴邊一直念著「要是失誤的話怎麼辦？」，會變得無法完成才對。相反地，如果一心專注在例行動作上的話，腦中也只會被這些動作所占據。從腦科學的角度來看，**例行動作會占據工作記憶，根本沒有空間讓「雜念」、「胡思亂想」、「負面思考」等想法出現。**

●人腦只能同時處理「三件事情」

所謂工作記憶，就是人類的「腦部作業領域」。當陷入相當程度的思考時，就會使用工作記憶來「思考」，接著再進行情報處理。據說，工作記憶的容量，大約只能同時處理「三件事情」。也就是說，人腦所能接受同時進行思考的事情，最多只有三樣。為了讓各位容易理解，或許各位可以想像在人腦中有「三個托盤」，並且利用這三個托盤來進行情報的處理。

順帶一提，工作記憶由前額葉皮質所掌管，與去甲腎上腺素也有相當深遠的關係。

進行五郎丸選手這七個動作時，這「三個托盤」幾乎已經呈現被占滿的狀態。所以就結果來看，工作記憶中已經沒有進行負面思考的空間，所以進行例行動作，腦中自然不會浮現雜念。

在一些容易過度緊張的場面，**如果能有自己的「例行動作」，將心思專注在「進行例行動作」上，腦中就不會有多餘的空間去擔心「要是失敗了該怎麼辦？」這樣的事情了。**不安會招來不安，也可能讓緊張程度變得更加嚴重。而例行動作便可以發揮減緩過度緊張的強大效果。

製作屬於自己的「例行動作」時，有一點要注意的是，「必須要是三個以上動作的串結」才行。因為工作記憶的空間有「三個」。如果是過於單純的動作，會讓工作記憶出現多餘的空間，這麼一來就容易在腦中浮現雜念。

順帶一提，一朗選手站上打擊區前的例行動作，是將六個不同動作進行十一次的複雜結構。

以我來說，在進行演說或是發表前會進行下列這些動作：

一、演說開始前十分鐘，利用發聲練習及簡單伸展運動來放鬆肌肉。
二、直到演說開始前三分鐘，重新瀏覽投影片內容，確認演說流程。
三、當司儀開始介紹講師時，便進行大口深呼吸（直到介紹結束前持續進行）。
四、視線集中在到場的參加者身上，觀察參加者的樣子。從男女比例、年齡層、服裝等推測以何種業界的參加者居多。
五、接著，確認自己是否已經做出笑容。
六、再接著，確認自己是否挺直背脊，端正姿勢。
七、當司儀介紹完畢後，邁向講台，用滿臉笑容發出第一聲：「各位好。」

請大家試著做看看。你會發現，做起來要比想像中忙碌多了。特別是（3）到（6）的動作要在大約一分鐘的「講師介紹」中完成，幾乎已經是腦力全開的狀態，根本沒有讓「不安的想法」出現的餘地。

構想例行動作時，數量越多、越複雜越好。因為無論是我、五郎丸選手，還是一朗選手，都是將大約七個左右的動作組合在一起，所以構成例行動作的數量，可能在「七個」左右會是比較理想的。

本書介紹了三十三個減緩過度緊張的方法，建議各位不妨可以從中嘗試數種對自己來說具有效果的方法，再將這些方法組合起來，完成一套「自我必勝的例行動作」吧！

掌控去甲腎上腺素方法10 活用音樂

在奧運轉播中，經常可以看到選手在比賽開始前，戴耳機聽音樂的畫面。會隨著節奏哼唱起來的選手也大有人在。或者是一邊聽音樂，將眼睛閉起，集中注意力的選手也不時可以看見。

就掌控緊張的這層含意，音樂究竟可以帶來多大的效果呢？

舉例來說，有報告顯示，聽莫札特的音樂具有提高副交感神經運作、活化血清素的效果。此外，也有報告顯示，聆聽古典音樂時，腦波會出現變化，放鬆的 α 腦波有增加的傾向。

另一方面，也有報告顯示，如果是聽重搖滾或是快節奏的音樂，會提高交感神經作用、加快心跳次數。所以，根據所聽的音樂風格，可能會有舒緩緊張的放鬆效果，也可能會有讓情緒變得高亢的效果。

參加奧運的選手中，有不少人會一邊聽音樂，一邊跟隨節奏哼唱。這麼做是具有活化血清素效果的。用身體去抓取節奏，再跟隨節奏哼唱出來的方式，正是「節奏運動」。

一邊聽著音樂節拍，同時抓取音樂節奏。隨著節奏，當情緒變得高昂的同時，血清素也得到活化，讓狀況可以趨向「緊張」與「放鬆」共存的「專區」。

連世界頂尖的運動選手都會用「音樂」來調整狀態，就是最好的證明。可以說，音樂對於控制緊張是極有幫助的。

掌控去甲腎上腺素方法11

正念

關於控制去甲腎上腺素，前面已經介紹了鎮靜杏仁核的方法。「可是我想知道用具有科學根據的方式來確實達到效果的方法」，或許也會有人有這樣的需求。這個時候，我會推薦「正念」這個方法。

最近，正念相當受到注目。所謂正念，就是將注意力集中在「此時、此刻」的當下體驗，並且就這麼接受現實生活中的一切。正念也是處理壓力的方法之一，在醫療、商業、教育等領域中得到實踐。

此外，像是Google、高盛、P&G、英特爾等跨國企業，也會在社內的研修課程中加入正念，因此格外受到注目。

有關正念的效果，有以下列舉：

一、**提高注意力、集中力**；

二、**減輕壓力、不安**；

三、**提升復原力（抗壓程度）**；

四、提高感情的控制力；
五、提高同情心、共感能力；
六、對自我認識的變化。提升對自我的印象；
七、腦部及身體變得不容易疲累；
八、提高免疫力。具有預防疾病的效果。

諸如上述，已有多項效果被報告出來。

近來，有關正念的科學研究正在持續中，也有許多相關論文發表。如果要介紹有關「掌控緊張」的腦科學研究的話，像是：

- **進行正念的人，杏仁核的容量會變小五%。**
- **進行正念的人，可以活化前額葉皮質。**
- **進行正念的人，可以增加前額葉皮質的容量。**

正念對於掌控緊張或是不安是有所助益的。

與過去相較，現在更常聽到進行正念可以有效減緩緊張、不安與壓力。因為透過近來的腦科學研究得知，正念可以使造成緊張的「杏仁核」變小，抑制杏仁核的「前額葉皮質」得到活化，並且容量增加的緣故。

也就是說，「進行正念可以減緩緊張」這件事，就腦科學的角度來看是正確的。如果要說明進行正念的具體方法，會占據相當篇幅，在此只好先將它割愛。但是坊間與正念相關的書籍，像是從正念的基礎到實踐都詳細解說的《鍛鍊正念》（台灣東販），或是詳細說明Google所採用的正念方法的《一流的人如何保持顛峰》（天下雜誌），都是我相當推薦的。

第
5
章

戰勝緊張的心理

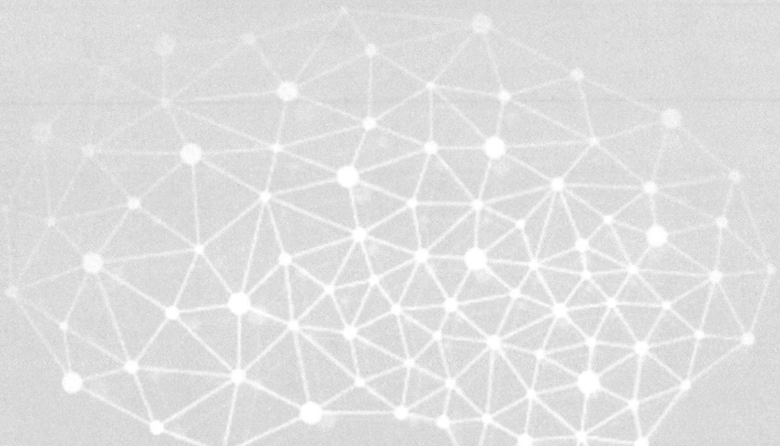

人為什麼會緊張？緊張的四個條件

前面介紹了以腦科學為根據的掌控緊張的三個策略。

提到掌控緊張，一般從心理層面來著手是比較常見的做法，可是本書卻用了一定篇幅說明以腦科學為根據的掌控緊張方法。但並不是我不打算在書裡介紹心理層面的掌控緊張方法。

從根治緊張的角度來看，將原本「怯弱的心理」切換成「堅強的心理」是有必要的。感覺一旦涉及到心理層面，執行上似乎會有些難度，但是「想法」這種東西是可以切換的。只要在心理上稍微做些改變，就能從原本「怯弱的心理」切換到「堅強的心理」。

人們究竟在哪些場合是不會感到緊張的呢？「前言」中提到了「容易緊張的七個模式」，這裡就再重新回顧一次吧！

一、進行發表時。

二、接受考試、測試、面試時。

三、舉辦發表會、演奏會時。

四、與人面對面，一對一或是與初識的人見面時。
五、從事新工作、沒有經驗過的工作時。
六、被勉強做自己不擅長的事情時。
七、參加運動競賽、攸關勝負的事情時。

這七個模式包含了日常生活中，所有可能造成緊張的場面。

那麼，這七個模式究竟有什麼「共通點」？如果可以釐清容易造成緊張場面的共通點，就能對此做出解決的對策了。

容易造成緊張場面的共通點，如果要說的話，有下列四項條件：

① 衆人監視

在他人注視之下進行某件事情。必須在眾目睽睽之下，接受評價或是判斷。在這七個模式中，都具備了這項條件。

②受到想在人前展現自己優點的想法所驅使

想在考試或是面試時得到好結果、想在運動領域大放異彩、想要進行樂器演奏、與人見面時想給對方留下好印象，這些都是受到想在人前展現自己優點的想法所驅使的緣故。在這七個模式中，也都具備了這項條件。

③攸關勝負。勝負結果明確

像是勝／負、合格／不合格、成功／失敗、錄用／不錄用等，會得出明確結果的場合，也會使人感到緊張。「考試、測試」、「面試」，甚至「說明會」或是「發表會、演奏會」等，都符合了這項條件。

④足以左右人生的重要事件

考試、面試、公司裡的重要簡報、被公司交付新任務、重要的運動比賽，不管何種，都足以左右人生。就算稱不上是「左右人生」，但可以說越是重要性高的事情，就越容易緊張。如果是「怎麼樣都無所謂的事情」，就不會緊張了。

這裡整理出的四項：「眾人監視」、「想在人前展現自己優點」、「勝負結果明確」、「重要事件」，就是一般認為容易造成緊張的條件。

換句話說，如果能有意識地將這幾個條件排除，就能大幅減緩緊張。而這就是所謂心理上的切換。

只要切換心理，緊張就會消失

以練習比賽為例。請各位試著在腦中想像一下高中棒球的練習比賽畫面。高中棒球的選拔賽是個相當令人緊張的場面。要是換做是一般練習賽，應該就不會那麼緊張了。明明都是同樣的對戰隊伍，為什麼練習賽會比選拔賽不容易感到緊張呢？

關於這個問題，如果用前述的「四個緊張條件」來分析的話，答案就很清楚了。

首先，練習賽並不是「眾人監視」的場面。正式選拔賽時，會有許多前來加油打氣的人，甚至全校師生或是家人會到場加油也說不定。可是練習賽時，幾乎不會有人特別前來加油，自然就不會有壓力。

接著，練習賽也不是個「攸關勝負」的場面。因為不是正式賽，所以不會留下對戰紀錄。即便輸了，也不會有太大的損傷。比起勝負，反而是測試狀況良好選手、讓選手嘗試不同守備位置，或是改變打擊順序等一個很好的機會。也就是說，練習賽比較著重在「嘗試」與「測試」這層意義上。由於「取得勝利」並非最終目的，自然也就不會有壓力。

再者，練習賽並不是個「重要」的場面。高中棒球在全國大會出賽，其對戰結果將攸關選手是否可能成為職業選手的提名人選，這對一心想要成為職業選手的球員來說，說它是一場「攸關人生」的重要比賽也不為過。相較之下，練習賽終究只不過是練習。是為了可以在正式比賽中贏得勝利所做的調整和練習。由於它不具有「足以左右人生的重要性」，所以也不會讓人感到壓力。

既然已經出賽，選手多少都會想在領隊或是教練面前「展現自己好的一面」。可是，比起展現自己好的一面，希望「自己的實力可以得到正確評價」的心情更為強烈。實力不足的選手即便在正式賽時得到拔擢，但那也只不過是另外一個困擾而已。

也因為這樣，正式賽與練習賽，雖然兩者「同樣都是進行九局對戰的棒球比賽」，但在正式賽時會感到「強烈的緊張」；在練習賽時，則完全不會感到緊張。要說這其中有哪些差別的話，就是「抱持的心情」、「心理」的差別而已了。

換句話說，如果正式賽也能用如同練習賽時的心態來對戰，就能讓自己原有的實力充分地發揮。實際上雖然有著極高的難度，**但只要以這容易緊張的四個條件為根據，進行「心理上的切換」，就能減緩緊張的情緒**。這點，從剛才的高中棒球練習賽的例子來看，應該就能清楚理解了。

你所要做的，就只有切換自己的「心理」而已。透過「轉換心理」，就能漸漸掌控緊張的情緒。

心理轉換術1 意識著「為了對方」

● 捨棄「我欲」

「簡報」、「面試」、「運動比賽」、「演奏會」、「發表會」、「與人溝通」等，這些容易讓人感到緊張場面的共通點是，當事者會抱持一種「想要在人前展現自己優點」的心態。

「受到想在人前展現自己優點的想法所驅使」，也是緊張四條件的其中之一。也就是說，只要捨棄「想在人前展現自己優點」這個想法，就不會緊張了。

想要掌控緊張，「捨棄我欲」是有必要的。

那麼，這個「我欲」到底是什麼呢？

如果是在比賽等場合，就是「一定要贏得勝利」、「想讓別人看到自己的好表現」；如果是面試或是簡報等場合，就是「盡最大可能來展現自己」。在這樣的場合上，想盡辦法贏得勝利、獲得成功，讓人生可以往好的方向翻轉，這就是「我欲」。

如果沒有了「我欲」，人們不僅無法成長，也無法提升動力，所以我並沒有否定「我欲」這樣的想法。可是就「緊張」來說，如果像「一定要贏得勝利！」這樣的我欲越強烈，緊張的程度也會跟著變得強烈。

捨棄我欲可以讓緊張的情緒得到緩和。那麼，為了可以捨棄我欲，應該要怎麼做才好呢？如果用辭典查詢「我欲」的相反詞義，會出現「無私」、「無我」、「沒有私心」等詞彙。所以我認為，「受我欲侷限」的相反狀態，就是「展現真實自我」。

在擁有極高票房的電影《冰雪奇緣》的樂曲中，也唱出了「展現真實自我」的重要性。我認為，這種「展現真實自我」的心態，是一種相當完美的狀態。率直、謙虛、如實不造作。「只要展現真實的自我就好！」就是一種終極的自我肯定。

也就是說，**不是要「展現自己的優點」，而是要「符合自己實力」。能夠得到符合**

自己努力的結果就已經足夠，不是嗎？這麼想的話，就能抑制好勝的心態，讓心情得到放鬆，從緊張的情緒中得到解放。

當你在正式上場前開始感到緊張時，請確實發出聲音並且試著對自己說：「就用現在的我來應戰！」、「就用自己具備的實力來應戰就可以了！」。這麼做的話，不僅不會讓自己出現無謂的逞強，也可以減緩緊張的情緒。

從「For Me」切換到「For You」

二〇一六年秋天，以世界越野跑者聞名的卡爾．梅爾策，花了四十五天又二十二小時跑完三千五百公里，創下世界新紀錄。當時的他在受訪時是這麼回答的：

「每當我開始感到悲觀時，就會在口中對那些為我加油的人說感謝的話。這麼做會讓我當下的心情立刻變得輕鬆。不要去思考自己的事情，反而有助於提升表現。」

如果一直想著自己的事情，「痛苦」、「緊張」、「不安」等負面情緒就會開始從心裡湧上來。但如果心裡是想著那些為自己加油的人、那些為了自己聚集在此的人的話，就會湧現「感謝」的心情。要將注意力集中在哪裡？根據自我意識的投注方向，就可以從

「負面情緒」完全切換到「正面情緒」了。

自我本位，也就是自己是怎麼想的？自己想怎麼做？這種「為了自己」的想法，就是所謂「For Me」的狀態。對方現在有什麼感覺？對方現在想要什麼？做什麼可以讓對方感到開心？像這樣打從心裡「為了對方」著想的想法，就是所謂「For You」的狀態。

所謂「捨棄我欲」，換句話說，就是從「For Me」切換到「For You」。

舉例來說，在一個演講場合，身為一場有百位參加者的演講講師，如果只是想著「失敗的話怎麼辦？」、「說錯的話怎麼辦？」、「腦筋一片空白怎麼辦？」、「真不想搞砸，免得丟臉」，就是「For Me」的狀態。

但如果換成了「For You」，就會出現「為了讓參加者能確實理解演說內容，就盡可能以淺顯易懂的方式來說明吧！」、「讓參加者可以盡情享受這場演說吧！」、「讓參加者今天可以滿足地回家吧！」、「不知道參加者是否都理解今天的內容呢？」、「不知道參加者是否正享受著這場演說呢？」類似這樣的想法。

從「For You」的角度來看，就可以消除緊張。緊張是一種存在於內在的東西。如果沒有好好觀察自己，是很難察覺「正在緊張的自己」的。

不管是參加者也好，或是前來為自己加油的人也好，只要經常將注意力集中在「You

（對方）」的話，就不會有多餘的時間去緊張了。

從「For Me」切換到「For You」。用說的很簡單，實際執行起來，並不是件容易的事。

可是不管是誰，都具備瞬間從「For Me」切換到「For You」的技巧，而這個技巧就是「眼神接觸」。

●從「被注視」切換到「主動注視」

演講或是研討會的講師，會運用一種「眼神接觸」，也就是「一邊與參加者進行目光接觸，一邊說話」的技巧。這麼做可以讓參加者產生「講者是在看著自己說話」的感覺，不僅可以讓參加者更加深入了解講者的談話內容，也會讓參加者的滿足感大幅提升。

這是在所有關於發表或是說話方式的書中，一定都會介紹到的技巧。

眼神接觸除了可以「提高參加者的滿足感」，也具有「減緩緊張情緒」這項極大的好處。

進行眼神接觸時，不光是與參加者目光相對而已。在與參加者進行目光相對的同時，也要對每個人進行觀察才是重點。

「參加者一邊聽著我的內容，一邊不斷地點頭」、「非常集中注意力，就連眨眼也沒有，認真地在聽我說話」、「心無旁騖，就連一句話也不想漏聽，拚命地抄寫筆記」。像這樣，觀察台下每位「參加者」的姿態，在感受到參加者「正盡情享受這場演講」的瞬間，對講者來說，是再開心不過的事情了。

當你在一百位聽眾面前說話時，應該會認為自己「正在被一百個人盯著看」吧！可是，**當你在進行眼神接觸這項技巧時，並不會感覺自己「正在被一百個人盯著看」，而是會感覺「（自己）正看著一百個人」**。「眾人監視」是緊張四條件的其中之一，透過眼神接觸這項技巧，就可以解除這項條件。就結果來看，一定可以減緩緊張情緒的。

●即使反應不佳，利用「眼神接觸」可以改變氣氛

就算我這麼說，還是會有人擔心：如果觀察後，發現參加者面露無聊表情時，該怎麼辦？

這時，請你透過眼神向參加者傳遞出「再認真點」、「這裡很重要，要好好聽」這

樣的訊息。「眼神接觸」是一種非言語的溝通手段。就連我受邀為一些公司進行社內研修時，參加者幾乎都是處在一個「樺澤紫苑？聽都沒聽過」的狀態。其實很多人原本就沒有意願參加，所以氣氛也顯得有些僵硬。而我就在這種「疏離感」的包圍之下、在一股極為彆扭的空氣中，開始了我的演說。這種情況下，就要透過「眼睛」向參加者傳遞出「接下來要說明很多對各位相當有用的內容，可要好好聽喔」這樣的訊息，與參加者進行「眼神接觸」。

同時，腦中也請一邊想著：「現在大家雖然興趣缺缺，但十五分鐘後一定會著迷！」，一邊與參加者進行眼神接觸。這麼做的話，不可思議地，十五分鐘後大家就會像著了迷似地認真聽我說話。

●總之，進行觀察

眼神接觸的技巧，就是一邊和所有參加者進行眼神相對，一邊觀察每個人的樣子。以我來說，即便是可以容納一百個人的會場，只要有其中一人打呵欠，我也能瞬間察覺。就像這樣，先觀察參加者每個人之後，再開始觀察全場。

眼神接觸要確實進行。要與參加者每個人目光相對，並且觀察全場狀況。當然，既要一邊進行演講，又要一邊進行眼神接觸，肯定會變得有些慌亂。

可是這麼做的話，你就無暇去注意自己內在的部分，像是「天啊！開始緊張起來了……」、「要是變得更緊張該怎麼辦？」，根本就沒有餘裕讓你去思考這些事情了。

用「For You」的角度去關注對手，自然就不會去關注自己的狀況。這麼一來，就能放下內心的緊張或是不安。從結果來看，也能與捨棄「我欲」產生連結。

讓參加者入迷！有效的眼神接觸方法

那麼，應該如何與參加者實際進行眼神接觸呢？接下來介紹有效的眼神接觸方法吧！

① 用Z字法移動視線

有關視線的移動，請用拉丁字母「Z」字形的方式進行移動。先看著左側後方最裡排的人，再慢慢看到右側後方最裡排的人，接著再將視線朝著斜角移動到左前方，之後再水平移動通過會場前方，最後落在右前方的位置。請依照這樣的順序，進行視線移動。也就是將全場用自己的視線，畫出拉丁字母「Z」字形。

這個方法就稱為「Z字法」，是在一些與「簡報」或是「說話方法」相關書中，一定會介紹到的方法。

透過「Z字法」，可以清楚觀察全場。這樣就可以了解在哪個時間點，參加者「看了我這邊」、「和我的眼神相對」。

「Z」字形的視線移動重複進行數次後，可能會感到單調乏味。因此，也可以改換成用M字形或是N字形來移動視線，改變看的順序。就結果來說，讓參加者可以不時感覺到「講者與自己目光相對」是很重要的，所以不一定非得進行Z字型的視線移動，左右、前後或是隨機進行眼神接觸都可以。

② 一句話與一個人的目光相對

如果「只是看著四、五位參加者，就覺得可以大致了解全場」的話，那並不是眼神接觸。所謂眼神接觸，必須是停止視線移動，確實看著某位參加者的眼睛，讓雙方都可以意識到「彼此的目光正在相對」。

基本上，目光相對的時間就是說「一句話」的長度。從時間上來看，大約是五秒鐘。

如果目光停留在一個人的身上超過十秒鐘，會讓其他參加者產生「只是針對特定人在說話」、「根本就沒有在對我說話」這樣的印象，所以要留意避免視線停留在某位參加者身上過長。

完成一個人的眼神接觸之後，再換到下一個人。讓眼神接觸就這麼持續進行下去。

③注意到最後排參加者

不好的講者，只會注意到「最前排」的參加者；而一位好的講者，在演說進行時也會注意到「最後排」的參加者。

如果只是看著「最前排」的參加者說話，不僅很難將演說內容傳達給坐在後排的人，坐在後排的人的滿足感也會跟著降低。所以要意識到坐在「最後排」的參加者，增加與坐在「最後排」參加者的眼神接觸。這麼一來，不僅可以與全場的參加者進行交流，也能提高每個參加者的滿足感。這不正是所謂的「大能兼小」嗎？

如果過度緊張的話，眼部肌肉會因為僵硬而影響動作，所以只能看到近處的東西。從結果來看，視野被侷限在近處的同時，自己的視野也跟著被侷限在近處，自己內心的不安與緊張便透過眼睛被反應了出來。

請記住！會場的最後排也有坐著參加者。抱著「要與所有前來參加的每個人進行眼神接觸」這樣的意識，就能改變只觀察近處的自己。

④ 尋找YES MAN

演講場上，一定會有眼睛總是閃閃發光，朝著講者方向不斷點頭的「YES MAN」。只要有一位「YES MAN」在場，就可以讓演說過程非常順利地進行下去。特別是對那些不習慣演說，或是容易緊張的人，「YES MAN」就如同是救世主般地存在。

所以，請一邊用視線環視全場的同時，一邊尋找YES MAN吧！一定會有一位YES MAN在場的！

只要有YES MAN在，就會讓講者想要與這位YES MAN進行眼神接觸。一邊與不停點頭的YES MAN進行眼神接觸、一邊說話的話，會讓講者感覺說起話來變得流暢，氣氛也變得愉悅。

可是，如果一直對著同一個人進行眼神接觸，會讓其他參加者產生「怎麼這個講師只看著前方的人」、「都不看我這邊」這樣的印象。因此，與YES MAN進行眼神接觸時，也要留意避免時間過長。

以我來說，我會用「**視力餘光**」來看YES MAN。一般來說，YES MAN大多會坐在前三排左右的明顯位置。所以，就算與「最後排」的參加者進行眼神接觸，多少還是可以看到坐在前排的YES MAN。

也就是說，就算與「最後排」的參加者進行眼神接觸，還是可以確認到坐在前排的YES MAN「嗯嗯，他正點著頭在聽我說話呢！」

所以，不需要去正視YES MAN的「臉」，只要用「視力餘光」去看YES MAN就可以了。這麼做的話，不僅可以讓所有參加者感到滿足，還能在充分安心的狀態下，從容且愉快地對著參加者進行演說。這麼一來，根本不會有過度緊張的情況發生，只會感到一種讓人樂在其中的適度緊張而已。

如果可以一面留意前述的事情，一面與參加者進行眼神接觸，會讓頭腦處於忙碌的狀態。由於工作記憶的空間已經完全被占滿，根本沒有餘裕去擔心「怎麼辦？又開始緊張起來了」這樣的事情。

因此，如果感覺自己又開始緊張起來的話，應該是疏忽了與參加者進行眼神接觸這件事的關係。越是想著「要讓緊張快點消失」，就越會讓自己的注意力集中在緊張這件事上。所以，這個時候**並不是要想著「要讓緊張快點消失」，而是要想著「要與參加者多進行點眼神接觸」**。這麼一來，自然就不會將注意力集中在緊張或是不安上，而緊張或是不安也會跟著消失。

心理轉換術2 感謝

前面引用了世界越野跑者卡爾・梅爾策的話：

「每當我開始感到悲觀時，就會在口中對那些為我加油的人說感謝的話。這麼做會讓我當下的心情立刻變得輕鬆。不要去思考自己的事情，反而有助於提升表現。」

從這段話中，傳達出了「感謝」的重要性。

如果要說什麼是心理轉換術的「最重要方法」，那就是「感謝」這件事了。如果能打從心底感到感謝，就不可能出現過度緊張的情況。這在腦科學上是必然的事情。

我們知道，透過「感謝」可以讓頭腦分泌血清素、多巴胺、腦內啡、催產素（Oxytocin）這四種腦內物質。血清素是去甲腎上腺素的「煞車」。多巴胺是「快樂」來源的幸福物質。腦內啡也被稱為腦內麻藥，比起多巴胺是更為強效的幸福物質。催產素則是「療癒」、「放鬆」的物質。

對於緊張或是不安等情緒來說，這四種物質具有煞車效果，或是平衡過度緊張的效果。

雖然書中介紹了三十三個減緩緊張的方法，但是能夠讓這四種腦內物質運作的方法，就只有「感謝」了。

在這四種腦內物質中，與「感謝」特別有關連的是腦內啡。腦內啡不只會在對他人表示感謝時分泌，在被他人表示感謝之時也會分泌。當腦內啡被分泌時，會讓你打從心裡產生感謝的情緒。那是一種崇高、高雅，彷彿超越一切的情緒。

多巴胺雖然也是產生「快樂」、「幸福」等情緒的幸福物質，但是當多巴胺與腦內啡同時分泌時，腦內啡所帶來的幸福感，可以是多巴胺的十～二十倍。

此外，當腦內啡被分泌時，會讓人對痛覺感到遲鈍。所以，腦內啡可以說是最強的幸福物質。

當腦內啡被分泌時，腦部會感到放鬆，放鬆的腦波波形 α 波也會增加。

換句話說，**腦內啡具有減緩「緊張」的放鬆效果。同時，也是與血清素同樣作為「緊張的煞車」的腦內物質。因此，只要能夠打從心底充滿「感謝」，就能減緩緊張。**

舉例來說，通常我會在演說的一開始，以「非常感謝各位百忙中特意前來」作為開場。而且是用充滿感謝的心情，打從心底真誠地對參加者說出自己的「感謝」。這麼做的話，不可思議地，過度緊張的情緒就這麼得到減緩了。

「正向積極的情感」不會與「負面消極的情感」共存。「快樂」與「過度緊張」不會共存的這個心理法則，前面已經向各位說明過了。同樣地，「感謝」與「過度緊張」也不會共存。只要打從心底充滿感謝，就一定可以減緩「過度緊張」的。

我從「討厭演講」變成「喜歡演講」的瞬間

如今的我，別說在一萬人面前演講不會緊張，甚至還可以享受演講，但最初不管是演講還是在人前說話，我都不擅長，可以說是相當地笨拙。

正因為不擅長在人前說話，所以「得想辦法克服才行」。受到「我想在演講或是發表時，可以從容不迫、侃侃而談」這樣的想法驅使，所以成為醫師之後，每年三次，我會主動舉手參加學會的發表。

在醫師的世界裡，一旦當上醫師之後，必須在學會中進行發表，當然其中也有「勉勵學習」的意義。可是，會積極參加學會發表的新進醫師並不多。因此每年三次以上，且持續十年以上的我，可說是相當特殊的例子。

累積這般豐富的經驗值，可以讓我們從原先的「不擅長」變成「擅長」。但在我身上，光是進行一次發表，就產生了變化。那是發生在我成為醫師後第三年的一場精神神經學會（集合精神科醫師的最大學會）上的事情。

首先，會在A會場（定額人數在一千人以上的主會場）進行全會，等到全會結束後，正好是我的發表時間。由於有將近一半以上的參加者留下來參與我的發表，所以在場的大約有三百人以上。

而且，因為我的發表是接著前面的全會而來，所以坐在最前列位置上的，都是那些極具聲望的名教授。就在如此巨大的壓力之下，我完成了八分鐘的發表。

最後是提問時間。沒想到，這時坐在最前排的H醫師竟然對我的發表內容舉手提問。這真的讓我相當驚訝。說到這位H醫師，可以稱得上是精神科醫師中，無人不知無人不曉的傳奇人物。當然，H醫師的著作我也都會一一拜讀。而這樣的H醫師，竟然會特地對我的發表內容舉手提問。

照理說，這應該是令人備感壓力的時候，但是我真的相當開心。「太好了！」在我心裡這麼大喊著。

關於H醫師的提問，我做出適當地辯釋及回應。終於，我的發表順利結束了。

這真是一種令人難以言喻的達成感，接著是滿足感、充實感。

學會會場，總共有從A到H八個空間，也有只能容納數十人的少人數會場。其實，光是願意前來聽我發表這件事，就已經讓我相當感激了。因為如果沒有興趣的話，是根本不會前來的。

但讓我料想不到的是，不僅有數百位參加者及富有聲望的教授前來，還讓我得到傳奇人物H醫師對初生之犢的我進行提問的機會，真的是充滿無盡的「感謝」。

事實上，也許有很多人是因為想要避開全會散場後的混亂，所以選擇繼續留在自己座位上也說不定。但是當時的我告訴自己：「有這麼多人為了我特意前來」，做出這般正向積極地誤解，這對當時的我來說，彷彿是一次給了我「一百次」成功體驗般地寶貴經驗。

於是，從這個瞬間開始，我就愛上了「學會發表」這件事。之後，我也積極接受一些針對患者或是患者家屬的演說邀請。從結果來看，正因為我以演講者的身分累積了許多實際經驗，才有了今日作為「演說家」的樺澤紫苑。

●「感謝」可以趕走「過度緊張」

「感謝」可以趕走「過度緊張」。

因為將注意力過度集中在自己身上的關係，才會產生緊張的情緒。如果帶著「For You」的意識，將注意力集中在參加者身上的話，那麼內心應該只會湧現「有這麼多人為了我特意前來，真的太感謝了」這樣的心情而已。這麼做的話，就能消除內心的我欲，用「我要誠心誠意地為大家演說」這樣一種謙虛的心態來進行演講。

「有人願意聽自己說話」，真的是一件令人相當感激的事情。不管是學會上的十分鐘發表也好，或是工作上的三十分鐘簡報也罷，都是他人必須撥出自己人生中的寶貴時間，「為了聽我說話而坐在台下」。

如果你是代表公司站上講台的情況也是一樣，所有台下的參加者都是為了聽作為公司代表的你的發表才聚集在此的。

此外，你也應該對將你選派為公司代表，並且將這麼重要的演說交付給你的上司或是社長充滿感謝。

你能站在那裡，是多麼棒的一件事情啊！不只要感謝前來參加的人，也要感謝選派你的人。你也應該感謝指導你、為你加油打氣的人。帶著「For You」的意識，就會打從內心湧現一股對所有人充滿感謝的心情。

「感謝」＝「腦內啡」＝「超開心」。

如果內心滿滿都是對他人感謝的心情，就沒有讓「緊張」趁隙而入的餘地了。

現在，對著眼前的人表示感謝吧！

以棒球比賽為例。光是被選為先發九人就應該充滿感謝。對領隊充滿感謝，對教練充滿感謝。也應該對看台上前來加油的觀眾充滿感謝。對百忙之中特意前來的人們打從心底充滿感謝。如果內心充滿這樣的感激之情，就沒有閒暇時間去緊張了。

就是因為擔心自己的事情才會感到緊張。如果能將心思放在對方身上，那麼只會出現「感謝」而已。

「因為是重要比賽，所以絕對不能輸」，就是因為抱持這種「For Me」的心態，才會讓緊張越加感到強烈。「這麼多人前來為我加油，真的萬分感謝。為了表示我對各位的感謝，一定會全力以赴的！」光是切換到這樣「For You」的心態，就能在放鬆的狀態下，發揮「最好」的表現。

如果是考生，就要對直到考前都熱心給予指導的學校老師、補習班老師充滿感謝。對借筆記給自己、時常請益的友人充滿感謝。對做便當讓自己帶到補習班、接送自己上下課的母親充滿感謝。對數年來幫自己支付昂貴補習班學費的父親充滿感謝。報考私立學校不是一件簡單，也不是每個人都可以做到的事情。正因為受到許多人的鼓勵、支援及指導，自己才有可能出席大考會場。

只要這麼想的話，應該就會打從心底湧上對他人的感謝之意。

●對十個人說出感謝的話吧！

具體來說，只要確實透過嘴巴，將感謝的話說出口就可以了。在開始進入正式發表之前，試著打從心底對大家說出：「真的非常感謝各位今天百忙之中特意前來。」在運動競賽開始之前，對著前來加油的人說：「今天真的非常感謝各位前來為我們加油。」透過這樣的話語，將自己的感謝之意確實傳達給對方。光是這樣，就能讓自己從過度緊張切換到適度緊張，發揮最完美的表現。

請各位留意奧運獲獎者的專訪。「我想在這裡向特意前來為我加油的各位，還有在背後支持我的教練、領隊，以及球員夥伴們表達我的感謝。」無論在比賽前或是比賽後，都要經常將「感謝」的話掛在嘴巴上。

每當受訪時，都會將感謝透過言語確實傳達出來。**由於頂尖的運動選手經常有著「For You」的意識，所以「謝謝」或是「感謝的話」會頻繁地出現在他們口中。也因為如此，這些頂尖的運動選手不會受到「緊張」干擾，反而可以發揮自己最好的表現。**

那麼你呢？是否有確實將自己的感謝透過言語表達出來？

比賽當天、考試當天、發表當天。請將感謝的話，分別對著十個人，每個人親口說一次吧！將自己的心態完全切換到「For You」的「感謝模式」。

「感謝模式」就是腦內啡模式。一定可以讓你用愉快的心情發揮最好的表現。

心理轉換術3　專注在目的上

當你處在緊張的情況下時，首先應該思考自己的「目的」。越是容易緊張的人，越會在與目的沒有直接關係的事情上感到不安或是強烈的擔心，替自己引來緊張的情緒。

以工作上的發表為例。當你的公司與其他公司處在一個競爭的狀態下。兩家公司中，只有一家可以得到採用。

那麼，這個發表的目的是什麼？就是如果公司的企劃被採用的話，就能贏得訂單。

可是，偏偏很多人都會忘記最重要的「最終目的」。

很多人在發表時，只會著重在「內容有沒有說錯」、「說話是否流暢」、「是否給人感覺很厲害」，但這些全都不是發表的「目的」。

不管過程中有沒有說錯，或者是否說得亂七八糟，「贏得訂單」才是你的最終目的。老實說，對於握有採用權的企業來說，你的說話技巧好不好，他們不太關心。到底哪家公司的企劃有魅力？哪家公司的企劃能替自己的公司創造利益？也就是發表的「內容」，才是重要一百倍的地方。

比方說，假如今天你是電視台的主播，那麼對你來說，「內容有沒有說錯」、「說話是否流暢」就相當重要。因為對主播來說，「正確且流暢地傳達內容」是他們的最終目的。

在我的演說場合也是一樣。參加者只會對「演說內容」、「能從中學到什麼？」感到興趣，至於會對樺澤紫苑「是否能像主播一樣流暢說話」感到興趣的人是一個都沒有的。

當然，想要給人「感覺發表很厲害」印象的人，我想也大有人在。但如果不是像TED的演說，或是像Apple iPhone新產品發表會這種向全世界同步放送的情況，我想是沒有必要的。

很多情況下，比起「讓人感覺厲害」這件事，「內容淺顯易懂」才是重要一百倍的地方。

當然，比起內容錯誤百出、沉悶的演說，說話流暢、有亮點的發表肯定會比較好。但那也只會在參加者對講者的印象提升上有些許的幫助。

舉例來說，音樂演奏會或是發表會上的表演，如果你以蕭邦國際鋼琴比賽為目標的話，那麼只要彈錯一個音符，就有可能成為致命傷。但如果你是在家人或是朋友面前彈奏，就不會被那麼嚴格要求了。

演奏會或是發表會的目的，不是為了追求零失誤的完美演奏，而是要讓聽的人可以感到開心、打從心底感動，不是嗎？

就算做到了「零失誤的完美演奏」，但如果無法讓聽的人樂在其中，那就本末倒置了。相反地，就算有幾個音符彈錯，或是失去音準，但如果能讓聽的人感到滿足、能在最後說出：「今天真是美好的一天」、「今天真是感動」這樣的話，就算出現些微失誤，也能完全被抵銷的。

換句話說，「追求零失誤演奏」是「你的目的」，而「享受音樂會」則是「聽眾的目的」。如果忘了「聽眾的目的」，只是將自己的視界狹小地集中在「自己的目的」上，就是滿足我欲的「For Me」狀態。

你應該要達成的最終目的是什麼？你只需要將焦點集中在你的最終目的上，其他事情都不要去思考。幾乎所有緊張的人，都會在與目的沒有直接關係的事情上感到不安或是強烈的擔心，替自己引來緊張的情緒，導致最終目的無法達成，變成本末倒置的結果。

參與電視節目也不緊張的理由

前面曾經提到，過去我曾多次受邀參與NHK E-Tele「考試的花道 新讀書研討會」節目的演出。不只錄影時間超過一小時，也會被要求臨場穿插一些與觀眾的即興互動，可是我卻一點都不會緊張。為什麼呢？因為只要「用輕鬆的心情扮演好被賦予的角色」就可以了。

我在這個節目中被賦予的角色就是，「將精神醫學、腦科學等專門知識，淺顯易懂地傳達給視聽者」的專業精神科醫師。因此，並不需要用像主播那樣辯才無礙的口條來說話。

將艱深的事情，用淺顯易懂的方式解說，當聽的人茅塞頓開「喔喔，原來如此」的瞬間，不管是共同參與的演出者也好、電視台的人員也好，或是幾百萬的視聽者也好，都會認為「這個人真是厲害！」

最糟糕的情況，就是像內容傳達錯誤，或是說話結巴等。但即便如此，只要想辦法讓自己冷靜下來重新再做說明，其他都可以透過後製剪輯來修整，根本不需要擔心。至於「專業知識」的部分，只要根據當天主題，事先設想三十道假想題，再把它背下來就可以了。

根據這樣的事前準備，就能順利完成我所被賦予的「將精神醫學、腦科學等專門知識，淺顯易懂地傳達給視聽者」這樣的專業精神科醫師角色，而我的目的也就可以順利達成，完全不會有任何導致不安的要素。接下來，我只要開心地等待節目錄製就可以了。

就像這樣，確實理解「自己被賦予的任務」，並且專注在「確實執行這項任務」上就可以了。

不要想著一定要「口條流暢地說話」。因為「口條流暢地說話」這件事，既不是你的

最終目的，也不是你的職責所在。

關於「目的」的部分，或許你會擔心正式上場時可能會出現各種狀況，但其實那些在準備階段就幾乎已經定了下來。所以，在做到可以讓自己感到安心的狀態之前，請確實做好事前的準備工作。

心理轉換術4 擁抱、握手

觀看花式溜冰賽時，經常可以看到選手表演結束、退場之後，與領隊或是教練擁抱的畫面。但如果再仔細留意，會發現其實在上場比賽之前，選手也一定會與領隊或是教練擁抱。

表演結束之後的擁抱，是選手對領隊或是教練充滿感謝或是喜悅的表現。也可以理解成是領隊或教練對選手示以「做得很好！」的鼓舞。但是上場比賽之前的擁抱又代表什麼意思呢？

我想擁抱中當然包含了「要加油喔！」、「我會全力以赴的」這樣的意思，但還有更重要的意義隱藏在背後。

那就是，擁抱具有減緩過度緊張的效果。擁抱時，催產素會被分泌。催產素可以說是最好的放鬆物質。**與血清素相較之下，催產素不僅能發揮更加強烈的療癒效果，同時也能抑制緊張的情緒。重新設定造成緊張．不安物質的去甲腎上腺素作用的「最好放鬆物質」，就是催產素了。**

催產素會在身體接觸或是身體觸碰時被分泌。因此，光是擁抱就能讓催產素被分泌，讓緊張的情緒得到減緩。

在花式溜冰競賽規則裡，一旦無法順利完成動作，就會遭到扣分。也就是說，失敗是不被允許的。可想而知，選手們會多麼緊張啊！因此，開始前的一分鐘，也是最緊張的時刻。這時透過擁抱，可以讓催產素得到分泌，達到放鬆效果。這麼做是具有相當大意義的。

如果對於擁抱這個動作感到害羞、不好意思的話，那麼用握手的方式也是具有效果的。有研究顯示，光是將手握住，就能在瞬間抑制心中的不安、減輕痛楚、降低壓力荷爾蒙。一邊握手，一邊打氣地說「加油」，就能有效減緩緊張。

我想各位應該也有看過一邊說「加油」，一邊拍對方的背的畫面吧？像這樣藉由身體接觸所帶來的減緩緊張效果也是被期待的。一邊說「加油」的同時，一邊拍拍肩膀，或是其他方式都可以，只要有些微的身體碰觸，也能帶來減緩緊張的效果。

心理轉換術5　應對方法要明確

●「已經束手無策」是最大的壓力

「壓力」這個詞彙經常出現在我們的日常生活中，但是你能具體說出「壓力」的定義是什麼嗎？

我想應該很多人都說不出來吧？

這裡，我就介紹壓力研究者金政奭及大衛．戴蒙的壓力定義吧！

一、**「面對壓力所出現的興奮生理反應，可以透過第三者測定」**；

二、**「壓力源（壓力）的主要原因來自討厭的東西」**；

三、**「對於壓力源感到無能為力」**。

當前述三項全部具備的情況，就可以稱為「壓力」。

尤其，當中第三項的定義特別重要。因為這關係著自己是否可以控制壓力源。也是一個是否會成為壓力的標準。

換句話說，**不管感到再怎麼痛苦，只要自己可以掌控，就不會成為壓力**。但如果自己無法掌控，產生了「我已經無能為力」、「已經無路可走」這樣的想法，就是造成壓力的主要原因。相反地，如果抱持「總會有辦法的」這樣的想法，在你出現這個想法的瞬間，壓力就會消失不見。

這點在一項透過老鼠所進行的實驗中也得到了驗證。

在不同的籠子裡放進兩隻老鼠，並且給予電流刺激。可是，只有其中一個鼠籠裝設停止電流的操縱桿。只要踩住操縱桿，兩個鼠籠的電流就會同時停止。因此，兩個鼠籠裡的老鼠所遭受到的電流刺激次數及時間，全部都是一樣的。

如果不斷給予電流刺激，會發現被裝設停止電流操縱桿的鼠籠裡的老鼠，會去學習停止電流的方法。可以透過自己踩住操縱桿來控制電流的老鼠，與什麼都做不了、只能被動接受電流刺激的老鼠，哪一邊會感受到壓力呢？

結果顯示，儘管兩個鼠籠裡的老鼠所受到的電流刺激次數及時間完全一樣，但是只能被動接受電流刺激的老鼠，會出現因壓力所導致的潰瘍或是衰弱等情形。

由此可知，只要知道掌控痛苦的方法，就能減緩不安及壓力。

即使所承受的苦痛無法完全得到消除，但只要能知道可以減輕某種程度苦痛的手段或是方法，就能大幅減輕壓力。

●應對方法可以消除緊張

如果將「掌控壓力」的原則運用在「掌控緊張」，會變得怎麼樣呢？

舉例來說，我想對那些發表時容易感到緊張的人來說，應該會擔心「發表時，腦筋變得一片空白該怎麼辦？」、「發表時，忘了接下來要講什麼該怎麼辦？」

這就是造成自我壓力的陷阱，陷入緊張與不安的原因。

為了避免這種情況，必須事前決定好應對方法。

腦筋變得一片空白時的應對方法：

一、大口深呼吸。

二、爭取可以在演講台上喝杯水的時間。

三、在這段時間裡，確認事先準備在講台上的講稿內容。

四、事前準備可以作為臨場應用的小故事。看似演說內容脫離主離，但實則是給自己製造回想演說內容的時間。

五、用「有關後續我們稍後再來談」這句話帶過，無視自己忘記的部分，若無其事地接續後面內容。

以上是可以作為腦筋一片空白時的應對方法。

如果能將這些應對方法列印下來，事先放在講台上的話，會讓你感到更加安心。

其中，我想推薦第五點。當你在台上真的說不出話來時，就請直接跳過這部分，接著往後面的內容說下去。只要不讓聽眾看到你慌張的表情，任誰都不會發現你正腦筋一片空白這件事的。

萬一真的發生腦筋一片空白的情況，只要謹慎運用這「五個應對方法」就可以了。除此之外，也沒有其他方法了。

像這樣，只要做好應對方法，就不會出現類似「發表時，腦筋變得一片空白該怎麼辦？」這樣的不安了。因為我們**已經把「該怎麼做？」改寫成「該這麼做！」**的緣故。因為知道了「發表時，腦筋變得一片空白的話，就依照應對方法來處理」就可以，所以就可以由原本的不安轉變為安心。

即使腦筋變得一片空白，但因為這是「可以控制」的關係，所以已經不足以成為造成壓力或是不安的主因了。

就像這樣，雖然擔心「要是失敗了該怎麼辦？」的人很多，但只要事前想好失敗時的應對方法，緊張和不安根本無從發生。

心理轉換術6

從完美主義到盡力主義

容易緊張的人有一個特徵，那就是「完美主義」。

以高完成度為目標的「完美主義」，會傾盡全力投注在自己所從事的事情上，乍看之下感覺相當完美。可是，越是追求完美，越會讓自己陷入緊張的情緒之中，導致出現離完美相去甚遠的結果。

為什麼完美主義不值得追求呢？那是因為追求完美主義的人，他們的「復原力」

（resilience）很低的關係。近來在精神醫學的領域，「復原力」相當受到注目。

所謂復原力，也可以說是「內心的柔美」、「抗壓性」、「心理・意志堅強」。復原力強的人，抗壓性比較高；復原力弱的人，抗壓性比較低。而追求完美主義的人，其復原力也會變得比較低弱。如果要舉例說明完美主義的話，它就像是用混凝土打造出來一個毫無縫隙的硬梆梆家屋。相較之下，木造建築的家屋由於木頭本身質地較為柔軟，所以即便發生地震，也能分散地震的強大威力。但是沒有防震裝置的混凝土建築，只能直接承受地震威力所帶來的影響。

完美主義並不值得追求。完美主義只會把自己逼到一個走投無路的局面。那麼應該怎麼做才好呢？你所應該追求的不是完美主義，而是「盡力主義」。

所謂盡力主義，就是「根據眼前的情況，盡力做到最好」、「傾盡全力做到最好」這樣的想法。

假設你現在的實力在九十分左右。不管自己現在的實力或是狀況如何，如果一心只以一百分為目標，那就是完美主義。但如果只是想著「將現在的實力做百分百的發揮」，就是盡力主義。由於完美主義是無視自己現在的實力及狀況，一心只以達到滿分為目標，所以會把自己逼到一個走投無路的狀態。

「自己已經沒有留下缺憾，將實力全部發揮了！」

「將自己現在最好的實力徹底發揮吧！」

「凡是現在的自己做得到的事情，都盡全力做到最好！」

這就是盡力主義。

所謂盡力主義，就是每一個瞬間、每一次機會，讓自己盡可能地做到最好的生存方式。只要經常讓自己盡可能地做到最好，就不用去擔心結果是成功或是失敗。既然已經是盡了全力做到最好，就不會出現在這之上更好的結果了。

越是「足以左右人生的重要場合」，越是容易緊張。這是緊張四條件的其中之一。如果能在日常生活中，經常意識著盡力主義，那麼不管「模擬比賽」也好、「正式比賽」也好，一定可以盡全力做到最好的表現，發揮最好的實力，用同樣穩定的情緒去面對各種場合。換句話說，不會出現「因為是重要場合，就容易緊張」這樣的情況。

不是「做到完美」，而是「做到最好」。

如果能做到這樣的想法切換，壓力也可以大幅減輕。

心理轉換術7

會不會緊張？「百分之九十取決於到前一天為止的鍛鍊」

讀到這裡，就像各位所理解的一樣，其實「緊張」與「不緊張」，早在前一天就已經決定了。

一、深呼吸及笑容等鍛鍊；
二、調整自律神經；
三、血清素鍛鍊；
四、睡眠訓練及充足睡眠；
五、想像鍛鍊；
六、藉由充分準備來改寫大腦資料庫。

以上這些，全都是應該要在正式上場之前一天為止，必須做好的工作。

如果少了這樣的「事前鍛鍊」，等到緊要關頭時，不管再怎麼深呼吸、再怎麼做出笨拙的笑容，都無法得到減緩緊張的效果。

直到目前為止，幾乎坊間所有關於緊張或是恐懼症的書，都是教你如何在緊要關頭減緩緊張或是克服怯場。雖然作為「對症療法」，這些方法相當值得參考，但這些方法卻無法成為「根治療法」。

而本書所介紹的內容，都是可以根治「容易緊張的性格」或是「在人前容易恐慌」的方法。但為了達到根治效果，事前鍛鍊是有必要的。只要確實做到，就能具有掌控緊張的能力。「不會出現過度緊張的情況」或是「即便出現過度緊張，也能立即恢復到適度緊張的狀態」。

會不會緊張？百分之九十取決於到前一天為止所做的準備。這點請各位務必切記。如果依照本書介紹的方法實際執行之後，還是有人會陷入「過度緊張」或是「無法控制過度緊張」的狀態，就表示是事前鍛鍊尚且不足的關係。

「容易緊張的性格」或是「在人前容易恐慌」等問題，都是可以完全根治的。如果你很容易在正式上場時出現緊張或是恐慌等情緒，那麼直到前一天為止，所有應該進行的鍛鍊，都應該確實執行，徹底做好準備。

心理轉換術8

最後就是求神保佑

「求神保佑」也有效果嗎？

平時拚命讀書、準備考試，可是最後還是會到廟裡拜拜的考生，我想應該很多吧？或者像政治家等，每當選舉前，一定會前往宮廟參拜。另外，像一些上市企業的大老闆等成功人士，每當面臨某階段或是轉折時，也幾乎都會到宮廟參拜。

那麼，到宮廟參拜或是求神保佑，實際上真的會帶來效果嗎？

從結論來說，到宮廟、神社參拜的確具有「神奇、極致、超強的效果」。但這也只是我的個人經驗。

每當有重要活動之前，我一定會到神社參拜。具體來說，像是每當新作品上市前的一週，我一定會到神社進行正式參拜（接受神社主祭神官的賀詞）。當然，本書在上市之前，我也到了神社參拜。

這裡的重點在於，「求神保佑」是要有「方法」的。也就是說，「求神保佑」是有「有效方法」和「無效方法」的。如果用錯方法來祈求神明保佑，我想是很難期待可以得到效果的。

所謂錯誤的祈求方法，就是像「請讓我考上東大！」這樣的方式。要說這是坐享其成嗎？實際上，你就是想交給他人、交給神明來幫自己達成目的而已。

而樺澤式的有效求神保佑方法就是，**「凡是我可以做的，都已經盡力做了。在這之外，已經沒有什麼是我可以做的了。剩下的，就只能求神保佑了」**。

如果你能試著從神明的立場來思考的話就可以理解，連用功苦讀都沒有辦法做到，還想「考進東大」的話，應該會被神明吐槽：「你再給我多認真讀點書吧！」我想就連神明也很難湧現想要幫助你的欲望的。

但如果你是用「凡是我可以做的，都已經盡力做了。在這之外，已經沒有什麼是我可以做的了。剩下的，就只能求神保佑了」這樣的態度的話，神明又會怎麼想呢？「看來他已經相當努力了，那麼我就來幫他一下吧！」我想神明也會想要助你一臂之力的。

雖然本書中沒有探討參拜的精神層面，但是在心理上的情感層面，只要正確地「求神保佑」，一定可以得到效果的。

就心理學上來說，**「公開說出自己的願望・目的」與「不公開說出自己的願望・目的」這兩種情況相較之下，「公開說出」的情況會比較容易達成目標**。這在心理學上被稱為「自我應驗預言」。

公開說出自己的目標或是願望，會無意識地將行動導向實現的路上。因此，在神明面前公開說出自己的目標，從心理學的角度來看，是相當值得期待它所帶來的效果的。

所以，公開宣示：「凡是我可以做的，都已經盡力做了」這點相當重要。所謂緊張，越是準備得不充分，越容易發生；越是準備充分，自然就不容易發生。至於理由，在前面都已經詳細說明過了。

「都已經盡力做了」這件事，就等同是公開宣言：「已經做好萬全準備」的意思。換句話說，如果可以打從內心說出：「我已經做好萬全準備」、「我已經盡全力做了」這樣的話，從腦科學的角度來看，杏仁核是不可能會發出危險信號的。也就是說，不可能會出現緊張情緒的。

另外，直到參拜那天都要保持「都已經盡力做了」這樣的心態才行。如果沒有做到的話，就如同是對神明撒謊一樣。因此，一旦決定了參拜日期，直到那天為止，都要努力貫徹「凡是自己可以做的，都要盡全力做」。在有限的時間下，不僅集中力可以得到提升，也可以更高等級的層次來徹底完成準備工作。

到宮廟、神社不只是為了向神明祈求，同時也有向神明報告的這層含意在。為了告訴神明「我已經盡力做了」是參拜的目的，所以不管在集中力或是動力上都可以得到提升。

「那個還沒做」、「這個還沒做」、「要是那個有做就好了」，像這些「早知道有準備就好了……」的不足感，就是造成緊張的原因。

為了向神明宣示自己「都已經盡力做了」，會讓當下內心的不足感消失，讓你被「都已經盡力做了」的安心感包圍。

所以，向神明報告自己「都已經盡力做了」，不僅可以讓緊張完全消失，也可以讓實力得到發揮。對結果來說，將會得到數不盡的「好處」。

第 6 章

各別場合的應對法

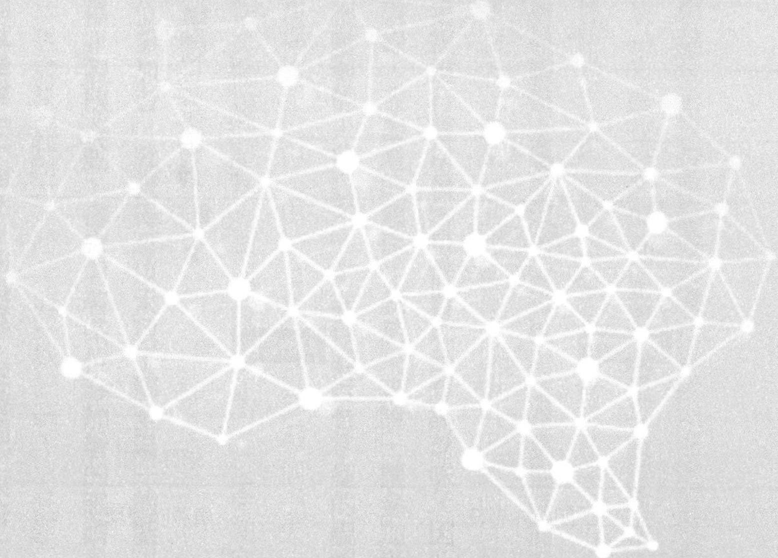

到這裡為止，總共介紹了如何掌控緊張、如何與緊張為友的三十三個方法。雖然這些方法幾乎可以應付所有可能面臨緊張的場面，但是像「提問答辯」或是「面試」等比較特殊的場合，在前面的內容中還沒有向各位做過說明。所以在最後的章節中，我將追加六種場合的緊張掌控方法。這麼一來，不管是什麼樣的場面，都能與緊張化敵為友了吧！

各別場合的應對法1

提問答辯

發表的印象好壞取決於提問答辯！

「發表這件事情，只要事前願意準備，總是可以完成。可是，緊接在發表之後的提問答辯，卻總是讓人傷透腦筋。因為要是被問到設想之外的題目，腦筋會變得一片空白，無法思考。」有這樣問題的人，意外地還滿多的！

不管是發表、演講、研討會，還是學會發表等，大多會在發表之後，安排提問答辯或是問題專區時段。

演說或是發表內容再怎麼精采，如果在最後的提問答辯時語無倫次、說話雜亂無章，就會給人留下極為糟糕的印象。因為提問答辯是在最後一個階段進行的緣故。如果能順利結束，整體就會給人好的印象。也就是說，最後一個部分決定了整體的印象。

舉例來說，假設演說部分得到一百分的完美表現，可是在提問答辯時，文不對題的應對只讓你得了三十分的話，那麼最終參加者對你的整體滿意度只會有五十分左右。**特別是在一些競爭的場合，為了爭取客戶訂單所進行的發表，如果在提問答辯時無法好好做出回覆，不免會讓客戶產生「這家公司沒問題嗎？」這樣的不信任感，當然也就很難爭取到客戶訂單了。**

發表時的印象好壞取決於提問答辯。甚至，如果要說「提問答辯比演說本身來得更加重要」，可是一點也不誇張。

有了設想問題集，就如同得到百人之力

發表或是演說的部分，只要事前好好擬定講稿內容，再確實練習直到熟練為止，基本上是不會出現什麼太大的失敗。

可是，在提問答辯中究竟會被問到什麼樣的內容完全無法得知，不確定性太高，所以

「如果被問到了無法回答的問題該怎麼辦？」的擔心，會讓緊張的情緒逐漸攀升。

想要順利完成提問答辯階段，其實是存在有效方法的。那就是事先製作「設想問題集」或是「Q&A問題集」。事先設想可能會在提問答辯時被問到的問題，並且針對該問題，以可以「照稿念讀」的形式寫下答案。也就是事先準備「只要照著念讀就可以」的講稿。

順便一提，每年到了醫師的學會發表時期，由於我一定會製作無懈可擊的設想問題集，所以像是在提問答辯時遭逢挫敗，或是被問到設想外的問題等困惑情況，一次都沒有發生過。可是，會像這樣每當有發表場合就確實做好設想問題集的人，卻意外地少。因此，只要事先確實做好設想問題集，勢必可以感受到迴然不同的差異。

如果事先確實做好設想問題集，那麼提問答辯時，一定會出現完全相同或是類似的問題，所以只需要照著問題集上的答案說出來即可。有了設想問題集之後，提問答辯就沒有什麼值得擔心或害怕的了。

這就如同得到百人之力，會讓你的內心感到踏實。

●十—三十—一百法則

「如果做了設想問題集之後，還是被問到設想之外的問題該怎麼辦？」我想一定會有人想問這樣的問題。如果從結果來說，是不可能會出現設想問題集以外的問題的。製作問題集時，要以「這問題以外的問題是不會被問到的」為標準來進行。製作設想問題集時的重點在於，「究竟要設想多少道的題數才足夠？」這件事。

而這個問題的基準，就是十—三十—一百法則。這個法則是我從自己過去所經歷超過數百場的演說、研討會的提問答辯中所歸納出的經驗法則。事先設想十道問題的涵蓋命中機率為七十％；設想三十道問題的涵蓋命中率為九十％；設想一百道問題的涵蓋命中率為九十九％。

因此，要想順利度過提問答辯這個階段，首先請製作「十道設想提問集」吧！雖然只有十道問題，但由於幾乎已經涵蓋了所有的重要問題，所以會成為你在精神上的「定心丸」。只要一個小時的時間，就可以完成十道設想問題集。如果連這一個小時的時間都不花，只會在那兒擔心「如果在提問答辯階段失敗的話該怎麼辦？」，那也只是浪費時間。或者可以說，這只不過是一種怠惰的表現而已。

光憑一個發表，是不可能出現無限的問題。所以，請試著寫出可能會被問到的問題。我想寫出十道題應該是沒有什麼問題的。接著，再針對這些問題，寫下自己準備的答案。光是事先準備十道問題，就可以涵蓋七十％可能被問到的問題。

「要是被問到剩下的三十％該怎麼辦？」如果有這方面的擔心，就請製作三十道設想提問集吧！如果是三十道設想問題，就可以涵蓋九十％可能被問到的問題。

如果有做過的話就一定知道，要設想三十道問題並不是件容易的事。如果沒辦法想到那麼多問題，可以請教周圍同事、後輩、前輩、主管等人的意見。請他們從自己的發表內容中，徹底挖掘可能被問到的問題。這時，如果「提出問題」的人數越來越多，涵蓋可能會被問到問題的機率也就越高。如果得到五個人的協助，大約可以涵蓋八成可能會被問到的問題；如果得到十個人以上的協助，大約可以涵蓋超過九十％，甚至高達九十五％可能會被問到的問題。

順帶一提，以前那段在學會發表的時期，每當有發表時，我一定會製作「三十道設想問題集」。

「設想三十道問題可以涵蓋九十％可能會被問到的問題。那麼如果被問到剩下的十％該怎麼辦？」如果還有這層擔心，就請製作「一百道設想問題集」吧！如果能製作一百道設想問題集，是不可能會被問到在那一百道之外的問題的。就算真的被問到了，利用所準備的一百道題的知識或是資訊，一定也能做出令人滿意的應對。

● 讓聽眾驚豔的答辯技巧

在提問答辯中，最重要的是印象。如果能讓聽眾對你產生「這個人懂得很多嘛」、「這個人的知識真是豐富啊」這樣的想法，那麼你就贏了。

為此，事前有個簡單的準備。製作設想問題集的技巧，就是在內容中加入「出處」及「數據」。

舉例來說，如果能出示像是「根據厚生勞動省於二〇一六年的統計資料顯示，得出八十五%的數據」，或是「根據二〇一四年《Nature》所刊載哈佛大學的統計資料顯示，有效率達六十三%」這樣的資料，相信提問者絕對無法做出任何反駁的。因為在不清楚引用出處的前提下，是很難提出任何異議的。

在醫學領域的學會發表中，有些醫師會故意提出非常艱深、不容易回答的問題，彷彿就是想讓台上的發表者出糗。而台上的發表者如果能做出如反擊般地回應，就會感到相當痛快。這個時候，如果可以引用權威性雜誌的某篇論文來回應，肯定會讓台下提問的人感到錯愕：「沒想到他連這個都知道！」提問答辯時，如果可以百分之百做出完美應對，會讓發表這件事變得很有趣。

因此，請在設想問題集裡，加入引用來源或是書籍的引用，並且加入具體的數值或是統計數字。

設想問題集是終生受用的

製作設想問題集，可能會讓你產生「不要問我那麼淺顯的問題，可以再問我更深入點的問題。因為我是有備而來的」這樣的想法。在你的心裡，會感到相當從容且踏實。

或許很多人認為製作設想問題集需要花費相當時間，但其實是不需要花到什麼時間的。以我來說，製作三十道設想問題集，再多也不用花到一個小時。因為幾乎都是延續前次的設想問題集。

你是作為某個領域的專家，針對你的專業領域來進行發表。因此，照理說你所發表的類型應該每次都是相同，不會突然出現一百八十度轉變，進行不同領域的發表才對，所以是可以直接沿用前次問題集的。

由於是沿用前次問題集所進行的版本升級，所以三十道題目中屬於重新設想的題目，最多也不過是十題左右。剩下的部分因為是沿用的關係，幾乎不會花上太多時間。

如果可以一次製作一百道設想問題集，那幾乎可以說已經是永久保存版的境界，接下來的二、三年就這麼使用也不會有什麼問題。只是剛開始製作時，為了徹底做出高品質的設想問題集，必須得多花點功夫。

只要準備好一本高品質的設想問題集，別說是提問答辯時不會緊張，甚至還能享受提問答辯的樂趣呢！

●昂首自信地回答

提問答辯時最重要的事情，或許你會認為是要能夠「正確回答」或是「適切回答」這件事，但可惜並不是。最重要的是，要能夠「昂首自信地回答」。

最糟糕的情況就是，當對方提出問題之後，你不發一語，還顯出一副極為慌張、滿臉不安的神情。這是在許多發表上經常可以見到的情形。在你做出回答之前，台下的人已經對你有了「他根本就不懂嘛」、「這個人根本就沒有自信嘛」、「他到底有沒有認真研究啊」這樣的想法，彷彿像是將你看穿了一樣。

先不說「針對問題做出正確回答」、「針對問題做出適切回答」這件事，因為那已經是另外一個層次的問題。在你回答之前，台下的人已經對你的評價、印象做出決定。也就是說，**在你「針對問題做出正確回答」之前，「昂首自信地回答」的重要性更勝好幾倍**。

即便你能做出一個學術上的完美回答，可是回答時的語氣毫無自信，音量小到讓人難以聽見，那麼無關你回答內容的正確與否，都會讓人對你產生「真的是這樣嗎？」的疑問或是不信任感。

雖說是要取決於發表或是簡報的目的，但發表或簡報的目的，根據「你」或是「你的公司」、「你公司所提供的商品•服務」、「你的研究」這些內容的信賴性或可靠性越高，評價也會越高才對。換句話說，雖然發表內容相當精采，提問答辯也做得相當確實，但如果讓台下聽眾感到「沒有信賴感」、「摸不著頭緒」，終究無法讓你達成目的。而這就是一種本末倒置的狀態。

那麼如果想要在提問答辯時「昂首自信地回答」，應該要怎麼做才好？那就是要將自己的意識高度集中在「昂首自信地回答」這件事情上。很多人都只關注在「該說什麼」以及「如何回答」，但完全忽略了自己當下的態度、語氣或是表情控制等。

因此，不管是難以回答的問題也好、你不懂的問題也好，都請將「態度、語調、表情上做出昂首自信」這件事情列為優先。為了不讓自己忘記這件事情，請在設想問題集的最上方，用紅筆寫下「回答時要昂首自信」這樣的話來提醒自己吧！

如果還是會在正式上場時感到慌張的人，請在正式上場前一天進行提問答辯的預演。請用昂首自信的態度、語調、表情進行練習。可能的話，請先找到可以作為練習的聽眾再開始練習。

其實，提問答辯時，除了提出問題的當事人之外，是沒有人會去認真聽取你的內容的。可是，你的態度或是表情等，卻會當下公然地攤開在眾人的目光之前。因此，提問答辯時，能夠「昂首自信地回答」的話，幾乎九成是不會有什麼問題的。

各別場合的應對法2

一對一的場面

不擅長一對一會話

相信很多人在與上司或是上位者單獨說話時，或是與異性單獨兩人說話時，不知道為什麼，就是會顯得特別緊張。可是，在很多人面前說話時卻又不會。

老實說，雖然我是精神科醫師，但就連我也不擅長一對一的對話場面。那麼這樣的我，又該如何去面對每天與病患的一對一診療呢？在每位病患進入診療室之前，我一定會在自己腦中做出一個「診療」計畫。

也就是，一開始我先怎麼說、之後再接著問這樣的問題、最後再說明一下藥物，像這樣組織起一個「流程」。

習慣了之後，不用花到十秒就能組織起對每個病患的診療流程。我一定會組織一個診療的「計畫」，計畫性地、策略性地讓我與病患之間的對話可以進行下去。也正因為如此，使得「精神療法」的效果得以發揮。我是絕對不會「無計畫性」地進行診療，「想到哪說到哪」的診療是絕對不可行的。

如果能從組織診療「計畫」開始，再接續到一對一的對話場面，由於在心裡已經事先做好了準備，所以彼此的對話是可以很容易地進行下去的。

舉例來說，如果上司突然間把你叫去，你可以在心裡先揣測一下可能是為了什麼事情而被叫去。

比方說，可能是為了「現在這個計畫的進度處在落後狀態，可別讓它成為之後眾人檢討的項目之一啊！」這個問題，那麼你可以事先準備一下說明進度落後的理由、是否有讓這個狀態正當化的數據，或者提出一個可以解決進度落後問題的計畫。總之，**請事先準備幾個「說話內容」**。**但如果無法習慣這種作法的人，那麼事先製作設想問題集還是比較安心、可靠的。**

如果在毫無準備的情況下，突然間被上司叫去，當場被上司用嚴厲的口吻責問「進度落後」的話，可能會讓你因為緊張，以至於回答的內容亂七八糟，讓人完全聽不懂究竟你想要表達的意思是什麼，這也是很自然的事情。可是，「可能會被對方問到什麼問題」或是「對方可能會針對哪幾點加以深究」，應該是可以預想得到的。

由於「準備」是事前可以做到的，所以應該要從適當地做出準備開始，再去與對方進行面談或是商討。

設想問題集同樣可以在會議或是面談等各種場合中得到充分應用。現在的工作、進行中的計畫、自己的專業領域等，從每天的日常生活中就可以開始準備大約三十～一百題左右的設想問題集，好讓自己在緊要關頭時可以瞬間做出答覆。如果準備了設想問題集卻還是回答不出來，或是回答的內容模糊不清、模稜兩可，請重新調查並且準備這部分的內容，再追加到設想問題集上。

持續數個月之後，一定可以製作出一本完美的設想問題集，即便突然被問到什麼問題，也不會出現慌張、不安的情況。

與異性說話時感到緊張

很多人在與異性單獨說話時容易感到緊張。為了避免這種情況，事先準備是很重要的。

近來發生的有趣事情、好笑事情，或是可以讓氣氛熱絡起來的話題等，請事先準備二、三個來作為談話內容吧！這個就是準備。

當談話過程出現中斷或是冷場時，如果有了這些可以作為「調味的內容」，就可以讓現場氣氛熱絡起來。

其實，就算事先準備的這些內容到時沒有派上用場也沒有關係，因為這些內容具有「護身符」般的效果，可以減緩「無法讓聽眾盡興怎麼辦？」、「出現冷場怎麼辦？」這樣的不安。

出現冷場時，加入這些可以「調味的內容」就可以了。

●向搞笑藝人學習——話題筆記的會話術

話雖如此，但「有趣的話題我實在想不出來」，會有這樣問題的人應該也不少吧！

不妨想想那些搞笑藝人的談話，很有趣對吧！總是會讓人對他們的說話內容感到著迷。但這也不禁讓我感到疑惑：「為什麼這些搞笑藝人會有那麼多有趣的話題呢？」如果分析他們的「有趣內容」會發現，其實全都是發生在自己身上的體驗。「前幾天發生了這樣的一件事……」，就像這樣。舉例來說，在搞笑藝人所主持的深夜廣播節目中，節目開場時，他們會說近來發生的「有趣事情」，這讓我以為在他們身邊每週都會發生一些有趣的事情。

但其實那些都是經過安排的。身為搞笑藝人，基本上隨身都會攜帶一本「話題筆記」，一旦發生什麼有趣的事，就立刻寫在筆記中。會讓自己不經意笑出來的有趣事情，如果和其他人分享的話，一定也會讓他們覺得好笑的。只要將自己覺得好笑，或是被逗笑的事情寫在筆記中就可以了。

也就是說，「有趣的事情」並非只會頻繁發生在搞笑藝人的日常周遭，在我們每天的生活中，同樣也都會發生一些有趣的事情，只是我們一般都是「哈哈哈」，笑過就結束了。但是搞笑藝人會在感到「可能讓人發笑」的瞬間，為了不讓自己忘記，立刻寫在話題筆記中。畢竟，那也是他們的工作。

而這樣的結果，也使得「有趣的事情」累積得越來越多。那些全都可以成為自己的話題題材，或是作為發想題材的素材。

就像這樣，**我們也可以學習搞笑藝人製作自己的「話題筆記」**。**在筆記中寫下自己覺得「可以派上用場」的題材，並且累積它們的數量就可以了**。在生活中，當你感到「這則新聞很有趣」、「這篇部落格的內容好像很有用」、「這句話應該可以帶來一些效果」、「這個人說的話真不錯」這樣的瞬間，就已經得到許多題材了。人腦會漸漸忘掉自外界接收而來九十九％的事情。因此，如果不作筆記，那麼九十九％「有趣的事情」也會就這麼被遺忘。

請儲備十個以上的話題

不擅長與人交談的人的特徵，就是不知道「要說什麼才好」。換句話說，就是他們的「話題不足」。「有一百個話題卻無法與人交談」的人，我想應該少之又少吧！

應該有很多人每天都會閱讀部落格或是網路新聞，但其實那些幾乎都不會在腦中留下印象。在一場我所舉辦參加者人數達兩百人的研討會中，對這些參加者進行了問卷調查。針對其中這道問題，「請盡可能寫下這週你所閱讀過的部落格或是網路新聞」，結果平均下來，每人大約只能記住四個。

平常有在使用智慧型手機的人，一天讀個五～十則新聞不是什麼問題。換算下來，一週大約可以讀上五十則新聞左右。可是，實際上能記在腦袋中的卻不到一成。就算讀再多網路上的新聞，但還是無法增加你的「話題」。

以我來說，每當我從部落格或是網路上讀到有趣的新聞時，就會記載到筆記型電腦桌面的App「Sticky Notes」中，或者是分享到Facebook上，並將設定變更為「只限本人閱讀」。

如果發現「這真是有趣！」的東西時，一定會記錄下來。因為這些都有可能成為將來在寫書或是進行演講、舉辦研討會、發行電子報、製作Youtube影片時的題材也說不定。

將這些有趣的情報進行類似這樣的「輸出」動作，就會在記憶中留下印象。「記錄」這件事情，透過輸出的動作，會更容易留存在腦中。與人進行會話時，由於你擁有無限的「話題資料庫」，所以不管想談多久，都能有話題讓你持續下去。

好不容易**從部落格或是新聞上發現有趣話題時，請務必將它們筆記下來，養成製作話題資料庫的習慣**。

同時，也請將這些收集來的題材實際運用在會話中，試著練習輸出。當你擁有許多話題時，會開始變得想要與人說話。就連「討厭說話」的你，只要豐富自己的話題筆記，肯定也能開始享受與人說話的樂趣。

在醫師面前一緊張就說不出話

經常可以聽到患者有這樣的困擾：「一看到醫生就開始緊張，原本想說的症狀也跟著說不出口。等到問診結束後，又會開始對這個也沒說、那個也沒說的自己感到後悔……」

其實，想要解決這個問題的方法很簡單，那就是將想說的事情事先寫在紙上就可以了。

最近感到痛苦的地方、感覺疼痛的地方、擔心有沒有副作用的地方等，將想到的任何事情，用條列式的方式整理寫下，並且在談話過程中或是談話結束後，將已經說出口的事情，用線段「——」劃除。

雖然我非常推薦那些不擅長說話的人可以利用這種「筆記談話」的方法，但不知道為什麼，越是不擅長說話的人，就越不使用筆記。

在一些演說致詞或是公司早會等，**必須在眾人面前進行數分鐘演說的場面，只要事先準備數行筆記，就能讓說話內容流暢地進行下去**。筆記只是為了防止自己忘記時所做的準備，如同「護身符」般的存在。實際說話時，不看筆記的人也很多。

那些不擅長說話的人，或是容易在人前緊張的人，往往沒有「作筆記」或是事前準備的習慣，便當場在腦中直接整理說話內容，但這樣是很難把話說好的。就連搞笑藝人這般話題豐富、擅長說話的人，很容易讓人誤以為是天生擅長說話，但其實他們在眾人看不到的地方，默默付出相當多的努力及事前準備。

在一對一的對話場合容易感到緊張的人，要開始養成作筆記或是製作問題集等事前準備的習慣。等到做好說話的計畫之後，再開始進行說話。這麼做不但可以讓一些不確定要素得以排除，同時也能消除不安與過度緊張的情緒。

各別場合的應對法3　面試

應該很多人都會在「求職面試」這樣的場合感到緊張。而且，恐怕是所有人都會這樣吧！是否能在第一志願的公司工作？或者是在二流的企業工作？將會讓人生產生極大的轉變。

如果要說「求職面試是人生的一大轉捩點」，那可是一點都不誇張。因為有著不能失敗的壓力，所以才會感到緊張。但其實每個人都會緊張。

一旦陷入過度緊張，導致原本想說的事完全說不出口，因而不被錄用，那可就後悔莫及了。又或者是，儘管參加多家公司面試，但只要沒有得到錄取通知，精神壓力就會持續累積，受到不必要的緊張壓迫的人應該也不少吧！

因此，接下來就來介紹面試時減緩緊張的方法。

其實，下面所要介紹的內容，幾乎都已經在本書中介紹過了。

因此，各位在閱讀時，請將下方內容作為「實踐篇」來理解。將書中介紹過的「know how」與自己所處的情境加以對照，並且加以活用。這麼做的話，不只是「面試」的場合，幾乎所有會讓自己感到緊張的場面，都可以用本書所介紹的方法來應對。

①情報收集

「情報」與「安心」之間存在著相互連結的關係。情報收集得越多，越能減緩緊張。比方說，面試時被面試官所問到的問題都是你可以回答的情況……你大概也就不會過度緊張了吧！

因此，請在可能的範圍內，盡可能收集與「面試」相關的情報。閱讀你的「求職對策寶典」，並且參加「面試」相關的研討會等，都是基本的工作。

也可以從有過面試經驗的友人那裡聽取詳細的內容，像是「面試時的氣氛如何」或是「被問到哪些問題」等。

由於面試進行的方式因公司而異，所以如果可以知道不同公司的面試方式，自己的應對能力也會相對提高。

再者，盡可能收集得到面試機會公司的情報。如果是有名企業，只要在網路上輸入「公司名 面試 經驗談」等關鍵字檢索，應該會有很多可以參考的資料。

可能的話，直接聽聽實際接受過該企業面試的人的經驗會比較好。如果前輩中有人在該企業工作的話，可以直接向他們請教經驗。如果沒有前輩在該企業工作，也可以尋找曾經接受過該企業面試的前輩。雖然可以得到錄取通知的人數很少，但既然是知名企業，得到面試機會的人應該不少。可以先從詢問幾位前輩開始，這麼一來，或許就能找到曾經接受過該企業面試的人了。如果找到的話，面試當下的氣氛、被面試官詢問的問題等，就好好地問個仔細吧！

如果能做到這種程度的情報收集，那麼面試氣氛、被提問的問題等，應該就能明確掌握。剩下的就是針對面試要做出哪些準備及對策的問題了。

②事前準備

a、製作一百道設想問題集

為了準備面試，首先就來製作「一百道設想問題集」吧！而且每一道題目的回答，有必要精確到即使照著念也沒有問題的程度。

由於面試時可能會被問到的問題範圍相當廣，因此只準備三十道題目是完全不夠的。所以，請準備一百道設想問題吧！如果能做出一百道設想問題，不太可能會出現「設想外的問題」的。

b、笑容鍛鍊

面試時，「印象」及「好感度」相當重要。從外在心理學的觀點來看，初次見面的人對彼此的印象，有九十%是根據外表來決定。由於求職時基本上都是穿著正裝，所以很難從服裝上去與他人做出區別。我想應該不會有人蓬頭垢面去面試吧！所以，**唯一能從外表與他人做出差異的，就是「表情」了**。

面試時的好感度，「表情」極為關鍵。能夠給予對方好印象的表情，就是「笑容」了。

光是用自然的笑容進行回答，一定會讓人對你的好感度大幅提升。可是一旦陷入緊張，就無法做出自然笑容了。所以，直到可以做出自然笑容為止，每天都應該進行笑容鍛鍊。

c、多次進行模擬面試

正式上場前的「事前演練」是很重要的。如果是面試，那就做「模擬面試」。最低限度，一個人進行模擬面試的練習是絕對有必要的。但如果沒有練習對象，是很難感受到臨場那份緊張感的。因此，可以與友人進行「面試官」及「面試者」的角色互換扮演，實際進行模擬面試。

這時，扮演「面試官」的角色非常重要。因為你會站在面試官的立場去思考，「我是否應該錄取眼前這個人」。這麼一來，你就可以理解面試官的心理，了解面試官在面試時會思考哪些問題。

雖然與友人進行模擬面試是有必要的，但是接受輔導就業公司所舉辦的模擬面試，由專業的面試官來進行實際面試會更好。因為在「如同正式面試場合的緊張環境」下進行模擬演練，更可以幫助你抑制緊張的情緒。

d、檢討反省

一邊進行模擬面試，一邊找出自己的弱點。發現自己無法充分回答的問題之後，是否下次再被問到同樣的問題時，能好好做出回答呢？請記得把這些問題增加到設想問題集中，並且確實修正內容，讓設想問題集的版本升級。

或許你會認為多次進行面試演練很重要，但其實像這樣每次進行「成功要點」與「失敗要點」的檢討反省也是很重要的。

e、進行溝通練習

我想在那些面試時容易緊張的人當中，應該有很多是不擅長與人溝通的人吧！平常說話就惜字如金、不擅長與人應對的人，一旦到了面試這種必須承受相當壓力的場合，會感到緊張也是自然不過的事情。

因此，不只是為了應付面試，平常就應該多多進行「溝通練習」。以「相親」為例，那些在面試時會感到緊張的人，應該在與異性說話時也會感到緊張。既然如此，還不如果敢地面對那些「緊張場面」。如果能在初次見面的女性面前侃侃而談自己的長處，也能幫助你在面試時產生自信。

f、適應壓力

面試時容易緊張的人，應該也是不擅長與壓力相處的人。大學生或是高中生應該有很多接受面試的經驗，但是會真的感到「承受壓力」的人還不算多。

如果能懂得運用這些承受壓力的體驗，就能改寫你的腦內資料庫。所以，請積極增加可以體驗「承受壓力」的機會吧！

比方說，在人前發表容易緊張的人，就努力成為發表者。唱卡拉ＯＫ容易緊張的人，和朋友去唱卡拉ＯＫ時，努力讓自己融入當下氣氛，高唱數曲。總之，請反其道而行，積極體驗「緊張場面」這件事，可以讓你對緊張產生免疫力。

g、接受發聲的音量訓練

對說話方式沒有自信、對聲音沒有自信，如果你是屬於這樣的人，不妨接受發聲音量的訓練。為了準備面試，會積極進行發聲音量訓練的學生應該不多，但那將會讓結果產生壓倒性地差異。

遲遲無法得到公司「錄取通知」的人，問題很可能出在「基本的說話方式」上。低著頭沒有自信地說話、說話時沒有確實將目光放在對方身上，儘管你是一個優秀的人才，如果說話時始終低著頭，看似沒有自信且吞吞吐吐的話，會帶給別人相當不好的印象。這也可能是遲遲無法得到公司錄取通知的原因。

我的友人HARU是位發聲．說話訓練的專家。

平常時候，HARU就會幫一些職場工作者進行發聲音量的訓練，但最近似乎多了許多為了就職而希望接受發聲音量訓練的案例。**光是接受一天的發聲音量訓練，就能讓自己的說話技巧突飛猛進，產生驚異的效果**。而且實際上，也有在接受發聲音量訓練後，就順利得到企業錄取通知的成功案例呢！

③正式面試時的緊張緩和技巧

a、在時間充裕的情況下，抵達面試會場。

能夠掌控時間的人，也是能夠掌控緊張的人。

b、等待面試時，利用伸展運動及笑容來放鬆肌肉。

如果有習慣進行的動作或儀式，也可以在這時進行。

c、試著對自己說：「我要展現自己真實的一面。」

如果一直想著「我要展現自己最好的一面」，反而會更加緊張。

d、被叫到名字時，立即起身，大口深呼吸後，再進入面試會場。

e、進入會場就定位後，首先觀察面試官。對於為了自己特地撥冗前來的面試官，發自內心地由衷感謝。

f、就定位後，端正自己的姿勢。總之，要像模特兒般，有意識地伸直自己的背脊。

g、開口說的第一句話，請用滿臉笑容問候眼前的面試官。如果能用笑容作為開場，一定可以減緩緊張的情緒。

h、針對面試官的提問，請正視面試官的眼睛回答。

i、將非言語的「想法」傳達給面試官。面試時，光是言語的傳達還不夠，還要將你的「想法」、「熱情」、「訊息」藉由言語一併傳達給對方。

j、如果被問到讓自己感到遲疑的問題時，請先試著揣測一下面試官的目的為何。「透過這個問題，我想要了解眼前這位面試者的哪個部分？」像這樣，試著從面試官的角度來設想，便不難找到理想的回答內容。

k、如果還是感到過度緊張，就請再次進行深呼吸。當面試官說話的這段時間，正是你進行深呼吸的絕佳時機。同時也請一併確認自己是否保持姿勢端正及適當笑容。

深呼吸、笑容、姿勢是減緩緊張的三種神器。

④始終無法得到錄取通知時

在求職過程中，參加多家公司面試是極為普通的事情。剛開始的階段，就請用「練習」的心態來輕鬆應對吧！

說是這麼說，可能會有不少人遲遲無法得到錄取通知，也無法得到第二次面試的機會。那麼，這個時候該怎麼辦呢？

a、全部策略

最後，最為重要的就是「全部策略」了。

能做的事情是否都已經盡力做了呢？

前面所說①~③的內容，一定會有還沒做到的部分，這時就請加強這些尚未做到的地方。如果你能大聲說出「該做的我全都做了」的話，應該可以掌控面試時的緊張才對。

b、總之，請檢討反省

沒有得到「錄取通知」並不代表失敗，那只不過是「try and error」（試誤法）過程中的「error」而已。因此，當你發現到有進行得不順利的地方時，請記得做出修正（檢討反省），並將修正後的成果展現在下一次的面試時。只要能確實做到這點，一定會讓你得到「成長」與「進步」的。只要沒有自我放棄，就不會出現不可動搖的最終結果，也就不會有「失敗」這件事情。

c、聽聽得到錄取通知的友人意見

「連續得到十家面試公司的婉拒通知，到底該怎麼辦才好？」像這樣不知道下一步該怎麼做的人大有人在。這時，可以請教那些得到錄取通知的友人，詳細了解他的面試過程究竟是如何進行。同時，也請一併了解他們當下是如何做出回答的。如果可以模擬面試的方式再次重現當時情景的話更好，因為這樣更能幫助加深記憶。聽到友人的面試過程之後，再試著想像一下，如果今天換做是自己，又會如何應對。換句話說，就是「想像訓練」。

杏仁核是無法分辨「想像記憶」與「原有記憶」的差別。

因此，即便是「他人的成功體驗」，但只要身歷其境地去模擬想像，也能成功改寫腦內資料庫。

d、不要陷入消極之中

最糟糕的情況，就是陷入「反正下次也是會被拒絕……」這樣的消極心態之中。因為這種消極想法，就是在讓自己做一種「反正下次也是失敗」的想像鍛鍊。也就是說，「消極」這件事，與「進行失敗的想像鍛鍊」沒有什麼差別。如果用這樣的心態來面對下一次的面試，肯定還是會失敗的。

人類的心理會以非言語的方式傳達給對方。如果一直想著「反正也是會被這家公司拒絕」，這樣的消極心態可是會傳達給面試官的。像這樣的求職者，是不會有任何一家公司想要錄用的。

所以，要相信自己，「一定可以得到下一家公司的錄取通知！」，如果真的很難說服自己，不妨試著用嘴巴實際說出十遍看看。

以上就是面試時，不會讓自己感到緊張的技巧。或許有很多人會在心裡想：「有必要做到這種程度嗎？」但因為是足以左右自己人生的重要面試，所以請用「凡是能做到的，都要盡力做到最好」這樣的心態來做好萬全應對。不光是要做到不緊張，還要讓自己發揮完美表現，得到最為理想的結果。

各別場合的應對法4

極度恐懼症

恐懼症是一種病嗎？

「我有極度的恐懼症。只要站到人前，就會腦筋一片空白，完全說不出話來。以前每當被分派到『發表』的工作時，就會讓我壓力大到不得不請假，這也給公司和其他人帶來不少麻煩。像是深呼吸，或是一般人常說的克服怯場的方法我全都做過了，但是一點效果都沒有。難道就沒有什麼可以減緩恐懼症的方法嗎？」

我想有類似這樣極度恐懼症的人應該不少吧！

站在人前與人說話的交流場面，會感到強烈的不安、緊張，甚至可能已經對日常生活帶來相當程度的影響，很有可能就是罹患了「社交恐懼症」（SAD）。

由於「社交恐懼症」這個詞或許不是那麼常聽得到，你也可以把它想成是一種「對人恐懼」的疾病。

有關SAD的罹患率，在日本人當中，患病十二個月的機率為〇．七％，而據說生涯罹患率則為二～五％。也就是說，在整個生涯當中，每三十個人就有一個人罹患這項疾病。由此可見，這絕對不是什麼罕見疾病。

在精神醫學的領域裡，一般人常說的「恐懼症」、「怕生」、「膽小畏縮」、「極度害羞」等，並不屬於疾病，只會被當成「個性」上的問題來處理。但是如果因為這樣的「個性」問題演變成為拒絕上學上班、閉門不出的原因，對生活造成影響的話，是否應該以「疾病」的角度來看待及處理會比較恰當的想法，則成了近年的主流。

其實，透過藥物治療或是認知行動治療等方法明顯得到改善的案例也很多，所以不妨可以試著諮詢精神科門診。

●疑似患有社交恐懼症時

如果是SAD，會出現以下這些症狀。當這些症狀全都具備時，就可以診斷為社交恐懼症了。

一、對於社交場合明顯感到恐懼或不安。

所謂社交場合，是指社交上的交流（如：閒聊、與不認識的人會面）、將自己的

言行舉止呈現在他人眼前（如：吃東西、喝飲料）、在他人面前從事某些行為（如：發表、演說）等。

二、因為他人的某些行為舉止或是看到他人的不安反應，便以為自己得到負面評價而感到恐慌。具體來說，像是會因為失敗而感到丟臉，或是遭受拒絕、批評、可能帶給他人麻煩時會感到恐慌。

三、會想要去避免那些情況的發生，或是努力忍受心裡的極度不安、恐懼。而採取的逃避行動就是選擇不去學校或是公司、想從那些狀況中逃離的行為。

另外，每當感到強烈不安或恐懼時，就會出現臉紅、發抖、流汗、說話結巴、視線集中等身體症狀。

一旦感到這些症狀已經對生活造成影響，就可以懷疑是否罹患了ＳＡＤ。

讀到這裡，如果你懷疑「自己可能患有ＳＡＤ」，不妨進行ＳＡＤ的自我檢測。

想要判斷ＳＡＤ症狀的輕重程度或是治療效果，可以透過ＬＳＡＳ（Liebowitz Social Anxiety Scale, 社交焦慮量表）來進行。由於只是利用簡單的問答紙來進行，所以也能自行透過檢測來判斷。

只要在網路上檢索「LSAS」，就會出現許多相關網頁。如果在LSAS的檢測中得到高分，就可以考慮到精神科接受診治。

由於這些診斷基準或是判斷標準，是專業且有經驗的精神科醫師用來做出正確判斷的方法，所以自我檢測時，只要把它視為一個「基準」就可以了。

在我所接觸的案例中，也有「自我檢測後認定自己符合診斷基準」，並到醫院接受診治的人，其實從專業醫師的角度來看，很多都是尚未達到診斷基準的疾病標準。所以千萬不要因為進行了「SAD自我檢測」，就對結果感到消極沮喪。

此外，就目前所知，SAD時常會伴隨濫用酒精、酒精依存症等情況發生。舉例來說，對於會為了緩解會議上的發表等緊張場合而飲用酒精的人來說，這可能已經是一種危險徵兆，或許到醫院接受診治會較好。

●社交恐懼症是可以治癒的疾病

假設你今天真的患了SAD，但也絕對沒有必要為此感到沮喪。因為SAD是有治癒可能的。像是透過藥物治療或是認知行動療法等方式，幾乎都能有效得到改善。

在藥物治療中，使用了SSRI（選擇性血清素再攝取抑制劑）或是SNRI（血清素・去甲腎上腺素再攝取抑制劑），可以達到六十～七十%的效果。

如果施以單一藥劑後未見效果，也可以考慮更換其他藥劑或是採用多劑合併療法，多數情況下都是可以得到改善的。

另外，如果同時加入認知行動療法，更可提高減緩率，降低復發機率的可能。所謂認知行動療法，就是去意識到自己思考時容易陷入的「問題」，並且加以矯正，在行動上做出改變的治療方式。藥物治療終究不過是一種治標方式，如果想要從根本根治，接受認知行動療法會比較好。

但是，認知行動療法並不是在每家醫院都可以接受診治，所以如果是為了治療SAD而前往精神科就診，建議不妨先在網路上輸入關鍵字，檢索「SAD精神科診所」，選擇SAD治療經驗豐富的醫師會比較恰當。

即使被診斷為SAD，也不需要沮喪。我想幾乎所有人都會認為「恐懼症是無法治癒的」，但也**正因為是「疾病」，所以只要接受適當治療，就能得到「治癒」**。

如果一輩子都要因為社交場面而感到不安、恐懼，那會是多麼辛苦的一件事啊！所以不妨趁現在，在你的選項中加入「確實治療」這個項目吧！

各別場合的應對法5

調職、人事異動

「前言」中曾提到一個針對「在哪些情況下容易緊張？」所進行的問卷調查。這項調查結果的第三名，就是「進入新的工作職場時（人事異動等）」（三十五・六％）。也就是像調職、人事異動等到全新職場時。少了熟悉的同僚，工作內容也與以往大相逕庭，會感到困惑、緊張也是自然不過的事情。所以這裡，我們就來整理一下因為調職、人事異動等而感到緊張的應對方法吧！

到目前為止，我曾有過在十一家醫院工作的經驗。我想這樣的次數對於從事醫師這項工作的人而言，可說是相當地多，甚至稱得上是調職「專家」了吧！但也因為如此，對於如何適應全新職場這點，我可是相當具有自信。

①把人事異動視為一種機會

很多人在接到人事異動命令後，往往不會認為這是一種「榮轉」，只會把它當成是「被貶職」或「被調離」這般被害妄想的情節。可是，人事異動絕對不是危機，反而是一種機會。

因為在全新的職場中，完全沒有人知道你過去的緣故。雖然新職場的同事不清楚你的強項，但同樣地，他們也不清楚你的弱點或是過去的失敗經歷。換句話說，你的過去全成了一張白紙，可以說這是讓自己「煥然一新，重頭開始的絕佳機會」。如果將「被貶職」或「被調離」這般負面情緒帶進新職場，是會透過非言語的方式傳達給新職場的同事的，這麼一來，你反而會遭受到新職場同事的排擠也說不定。

總之，抱持「在全新環境讓自己煥然一新，努力投入工作」這樣的積極心態是很重要的。

②收集情報

當手邊情報不足時，會提高緊張情緒。相反地，當手邊情報齊備時，則會感到安心。與前任者進行工作交接是理所當然的事情。但是應該交接的項目，除了「工作內容」之外，還應該包括「人際關係」。特別是職場上的「核心人物」或是「難以應付的人物」。如果這些情報都能事先從前任者那裡得知，在人際關係的構築上，也會讓你感到充滿樂趣。

一旦開始了新職場的工作，最初階段累積大量「情報」是很重要的。「這個職場的工作方式」當然必須了解，此外像是派系或是團體的鬥爭、對立、分裂等情況也不少，像這些關乎「人際關係」的情報，都應該要盡早收集到手。

③ 先構築人際關係，後工作

一旦開始了新職場的工作，相信很多人都會產生想要「盡早記住工作內容」的動力。可是比起「工作內容」，還有一個更重要的東西存在，那就是「人際關係」。

據說造成職場壓力的原因，有九成來自「人際關係」。換句話說，如果職場上的人際關係良好，非但不會存在職場壓力，還能享受工作的樂趣。

因此，是否能在新的職場順利工作，**比起「盡早記住工作內容」，「盡早構築良好人際關係」更為重要**。

如果能夠「盡早構築良好人際關係」，遇到自己不懂的事情時，他人不但會樂於教授，也會提供各式各樣的協助，讓工作可以順利進行下去。

「衝刺工作」的動力，可能會讓你疏於人際關係的經營，不自覺地埋首在工作中的可能性很高，這點務必多加小心！

④人際關係的構築方法

提高與人親密度的心理學的終極方法，就是運用「扎榮茨效應」。所謂「扎榮茨效應」，也被稱為「單純曝光效果」，是指隨著與人接觸次數的增加，就越能提高親密度的法則。

或許你會認為：「這不是理所當然的事情嗎？」這裡的重點不在於「時間」，而在於接觸的「次數」。

比起一個月花三十分鐘集中談話，倒不如每天花一分鐘，簡單的問候也好，閒聊也罷，藉由這樣的方式，更能加深人際關係的親密度。

另外，到了新職場後，盡早記住新職場同事的「名字」，並且以對方的名字來稱呼會比較好。「自己的名字可以被別人記住」這件事，無論是誰都會感到開心，也更容易加深彼此的親密度。

⑤入鄉隨俗

「我以前的工作職場都是這麼做的。」這是在新職場絕對不能說出口的一句話。

當你以分店店長等領導者身分來到新職場就任時，或許你會很想這麼說：「總公司一直以來都是這麼做的。因為這麼做比較有效率，所以之後也將導入這套做法。」雖然可以理解你想要改革、改變的心情，但還是應該先從「入鄉隨俗」這件事情開始。

人際關係優先，工作在後。

所以改革這件事情，應該等到你在新職場建立起穩定的人際關係，也有了願意協助你的人之後，再開始著手進行。

人類其實是一種討厭變動的生物。

對於帶來改變的人，也會同樣感到厭惡。工作現場有工作現場的一貫做法，而這樣的做法甚至可能已經持續十年以上。一個新加入的人突然間就說要「從今天起開始改變」，會招致反彈是無庸置疑的。

所以，不要過度著急，穩固人際關係基礎是一件很重要的事。

⑥從「For Me」切換到「For You」

不會讓人感到緊張的人際關係技巧，就是前面已經介紹過的，從「For Me」切換到「For You」，並且對他人要心懷「感謝」之意。

當被他人指責「這個部分一直以來都是這麼做的」，可能會讓你頓時怒火中燒。

但那是因為你從「For Me」的角度來看待的關係。

比起想著「自己要怎麼做」、「自己想要怎麼做」，更應該專注在「對方要怎麼做」、「對方想要怎麼做」這樣的「For You」角度。對方的意見、做法，都應該在可能的範圍內予以尊重。

所以，當被他人指責「這個部分一直以來都是這麼做的」的時候，你只要回答「非常謝謝您告訴我」就可以了。

⑦不是「找你麻煩」，而是「測試」

開始新職場的工作之後，有時可能會被交付「極為困難的工作」或是「麻煩的工作」。

面對這種情況，會讓許多赴任的新人產生「被找麻煩」的消極想法，因而感到沮喪。可是，像這樣的「被找麻煩」或是「測試」，其實都是一種機會。

這是我到一家醫院工作時的事情。由於當初我是以「主治醫師」的身分赴任，這也讓當時的我充滿幹勁。

可是，就在我到任的第一天，護理長這麼對我說：「你有沒有什麼辦法可以處理罹患阿茲海默症的A女士的問題？她每隔十五分鐘就會按一次呼叫鈴，這樣我們實在無法工作。」眼前的護理長對我抱怨著她對病患的不滿。

年約七十多歲的A女士是一名患有重度阿茲海默症的患者，不管對她說什麼，十分鐘後就會全部忘記，所以每隔十五分鐘她就會按一次呼叫鈴。A女士不僅抗拒所有醫療照護，也有拒絕進食的問題，所以每次總得出動大批人馬才行。

自然地，A女士就成了這棟醫院的「問題患者」。至於如何處理A女士，也成了醫護人員之間相當頭痛的一個問題。

於是我對A女士進行了近距離的貼身觀察，重新看了A女士的過去病歷，擬定了兩個對策：「增加與A女士的溝通頻率。請看護實習生密集與A女士進行對話。同時也請平常不會來探望A女士的家人，每個星期務必抽空一次前來探視」、「護理人員必須一改過去總是對A女士顯得不耐煩的態度，一定要用笑容來面對A女士」。

這麼做的結果，在A女士的身上起了哪些變化呢？一個月後，A女士從原本被認為是「壞心眼的老太太」，一改成為「性格爽朗的老太太」。這樣的結果，讓護理長及全體醫護人員都感到相當不可思議。

我觀察到，在A女士身上明顯出現溝通不足的問題。簡單來說，就是「無理取鬧」。

其實A女士的內心是寂寞的、是渴望別人的關心和注意的，所以她才用頻繁按壓呼叫鈴的方式來呈現。

看透這點的我推想，只要「增加溝通頻率」，應該就能解決A女士的問題。而結果也確實如我所想的一樣。

經歷了A女士事件之後，改變的不單單是A女士而已，連護理長和其他看護人員對我的態度也有了轉變。就連前任醫師都束手無策的A女士，如今居然可以變得如同他人一般，「這位新進醫師真是太厲害了」。從此之後，也對我投以莫大的信賴。

許多人開始了新職場的工作之後，初期階段經常會被交辦一些「麻煩的案件」。但其實這些既不是「職場霸凌」也不是「找你麻煩」，只是對你的「測試」而已。

「這個人到底有多少能耐？」這是新職場對你的測試，因此會故意交辦一些困難的工作，從工作中去進一步觀察你。

如果在這個階段失敗，那麼往後在職場中可能就會比較辛苦。所以，如果能順利通過這些「測試」，你就會被認可成為「一份子」，人際關係也會一下子變得順遂。換句話說，就是「通過儀式」的概念。

所以，要想著這些不是「找你麻煩」而是「測試」，就像電影《不可能的任務》中，男主角將看似不可能的任務逐一達成一樣。

當你在新職場的初期階段被交付困難工作時，應該要想成那是自己可以得到他人認可的絕佳機會。

無論是誰，到了新職場都會感到緊張。所以，懂得「享受緊張」這件事情很重要。在新職場，等待著你的是「新工作」與「新的人際關係」。如果可以好好去經營，將會得到難以計算的成就感及滿足感。

各別場合的應對法6

情緒無法高漲

到這裡為止，我介紹的都是如何讓「過度緊張」減緩到「適度緊張」的方法。在控制緊張的方法中，也介紹了對緊張踩煞車的方法。

可是，一些平時就容易緊張的人，也可能出現情緒無法高漲的時候。而這也可能出現在「過度放鬆」的時候。

所以，在本書的最後，我要介紹讓情緒高漲的方法。也就是在控制緊張的方法中，如何加強緊張程度的方法：

① 攝取咖啡因

前面已經說明過「喝咖啡可以使得情緒高漲」這件事。

由於咖啡中的咖啡因會讓交感神經處於主導地位，所以在讓情緒高漲上，可以發揮相當的作用。

據說從攝取咖啡因到咖啡因發揮作用的時間大約只需要三十分鐘，所以咖啡因能在幫助情緒高漲上發揮極效性的作用。

特別是上午腦袋一片空白的時候，咖啡是提振頭腦思緒的最佳飲品。

除了咖啡以外，其他像是紅茶或是烏龍茶等，也都含有半杯咖啡左右（以咖啡杯一杯為基準）的咖啡因含量。像這些含有咖啡因的能量飲品同樣具有效果。

攝取咖啡因時必須注意的是，咖啡因在體內大約得經過六個小時，甚至更長的時間之後，才會達到半減的狀態。

所謂半減期，並非指代謝的時間，而是指在血液中的濃度減少到剩下一半的時間。換句話說，即便經過了六個小時，體內還殘留著一半左右的咖啡因。據說咖啡因從體內完全排出的時間，大約需要經過九個小時。

所以，**咖啡因的攝取最晚不要超過下午兩點。如果下午兩點之後攝取咖啡因，恐怕會**

對睡眠產生影響。

此外，還必須注意的是，如果考試前或是發表前攝取咖啡因，可能會頻繁地想上廁所。那是因為咖啡因具有利尿作用（排尿作用）。雖然考試前攝取咖啡因可以提振精神，但另一方面也可能會造成在考試過程中產生尿意，建議在重要活動開始前的一個小時內，不要攝取含有咖啡因的飲品。

咖啡因對健康的效果，有著正反兩極的意見。在最近一項大規模的研究中發現，咖啡因具有降低死亡率及延緩壽命的功效。咖啡一天喝超過五杯以上的話是明顯過量，但咖啡因是值得好好運用的。

② 音樂

輕快的音樂可以使人的情緒高漲。如果再加上正向積極的歌詞內容，更是可以有效提升情緒。

許多一流的運動選手直到競技或是比賽前，都會一直聽喜歡的音樂。由此可知，音樂可以幫助情緒提升到一個適當程度的緊張狀態。

聽自己平常時候常聽的音樂，可以讓情緒提升到一個適切且可以控制的狀態。

③吶喊

不同於咖啡因或是音樂這種溫和的方法，對於一些「想讓情緒一口氣快速高漲」的人，我有其他的推薦方法。

雅典奧運金牌得主，鏈球名將室伏廣治選手，不曉得大家是否還有印象？每當投擲鏈球前，室伏選手總會大聲吶喊的畫面，讓人印象深刻。

就精神上來說，大聲吶喊具有「提振士氣」的效果。但實際上，大聲吶喊也具有科學上的效果。

從結論來說，是很顯而易見的。

大聲吶喊這件事，可以給予腦部刺激。當刺激傳達到腎上腺，便會促使腎上腺素的分泌。由於腎上腺素的分泌，會讓肌肉瞬間提升五～七％的力量，得到絕佳效果。這就是所謂的「吶喊效果」，同時也得到了實驗證明。

要舉出高漲情緒最簡單的一個方法，就是「大聲吶喊」了。

無論是格鬥項目，還是空手道、劍道，為了「提振士氣」，經常會在攻擊瞬間或是攻擊的間歇時候突然來一聲大喊。所以，「提振士氣」也具有促使腎上腺素分泌的效果。

「吶喊」這個動作被運用在許多運動項目中。舉例來說，女子桌球選手福原愛的

「SA——」這聲大喊就相當有名。

網球也是，每當得分時會大喊出聲的選手也相當多。在排球中，短暫休息後的比賽開始前，或是從時間結束之後到比賽重新開始之前，經常可以聽到選手們大喊「Fight」、「Oh——」。棒球比賽開始前，球員們會大喊「Fight、Fight、Fight、Fight、Oh——」，讓團結的氣氛頓時凝聚起來。

當你在進行「吶喊」時，絕對不能用氣若游絲的聲音去喊「Oh——」，因為這幾乎沒有效果。吶喊時，一定要腹部使力，從腹部用盡全力發出「Oh——」的喊叫聲，才能促使腎上腺素的分泌。

但要注意的是，由於腎上腺素在體內進入半減狀態大約只要四十秒左右，等到九十秒後效果便幾乎消失殆盡，所以腎上腺素的效果並不是可以持續數分鐘之久的。

腎上腺素不僅可以提高肌力，它與去甲腎上腺素同樣都是有助於提高集中力、判斷力及頭腦清晰的物質。

此外，腎上腺素還能提高緊張程度、扮演著如同「加速器」般的作用，可以幫助低落、無法高漲的情緒得到提升。要想知道如何瞬間提升情緒的技巧，記住「吶喊」這個方法是不會有壞處的。

後記

讀到這裡，各位應該已經可以了解緊張並不是什麼不好的東西。相反地，它是幫助我們提高集中力及專注力的「最好夥伴」。

但唯有「過度緊張」這件事情是有必要特別注意。可是也不用過於擔心，只要實踐本書所介紹的「掌控緊張的腦科學方法」，就能對緊張踩煞車，從「過度緊張」減緩到「適度緊張」的狀態。

只要運用本書所介紹的三十三個掌控緊張的方法，一定可以讓緊張得到掌控。

考試、簡報、面試、發表會、體育競賽等重要場合，只要掌控緊張，讓令人討厭的緊張變成自己的夥伴，發揮自己最好的實力，應該會讓人生呈現大幅好轉。甚至，可以讓你飛黃騰達也說不定。所以，要說本書所傳達的內容是工作及人生的「成功法則」，那可是一點都不為過。

本書中，我介紹了三十三個掌控緊張的方法。我希望各位可以確實去實踐，只要實際做過之後，一定可以親身感受到它們所帶來的效果。

接著，再將其中的多個方法加以組合，以「組合式的方法」去實踐。這些方法並非只有緊張時才可以使用，請將這些方法融入在自己的習慣中，從一般日常生活中就開始實踐。「笑容」、「深呼吸」、「姿勢」、「感謝」、「睡眠鍛鍊」等，不只可以幫助你掌控緊張的情緒，還可以讓健康狀況得到向上提升的改善。

一般來說，容易緊張的人會出現自律神經失調、血清素分泌不佳、前額葉皮質疲累等「神經系統不平衡」的問題。

實踐本書所介紹的掌控緊張的方法，可以讓你「不健康的緊張體質」得到改善，並且離「健康的放鬆體質」更加接近。不僅不容易罹患疾病，也能讓情緒更加穩定，讓你得到真正的健康。這些方法我都在書中介紹給大家。

只要實踐本書介紹的內容，就能「掌控緊張」、「成就事業．人生」、「獲得健康」，真是一石三鳥的效果。

剩下的，就只有等待你去親身實踐這件事情而已了。

或許有人會好奇，為什麼精神科醫師要去出版一本教人「掌控緊張的書」？那是因為透過掌控緊張這件事，也可以讓「內心和身體」得到掌控，讓內心與身體的健康得以實現，讓你的情感不只處在一個平穩的狀態，「內心和身體也都處在一個絕佳狀態」。

請確實實踐本書內容，讓你漸漸地可以掌控緊張，同時也讓自己的「內心和身體處在一個絕佳狀態」。能夠這麼做的話，那麼你與一些身體疾病或是心理疾病都會是一個無緣的狀態。

如果以上的事情全都得以實現，對於身為精神科醫師的我來說，再也沒有比這更令我感到幸福的事情了。

精神科醫師　樺澤紫苑

Beautiful Life　73

適度緊張能力倍出

「緊張」不是阻力，而是助力！善用恰到好處的緊張，從此人生超常發揮

原著書名 / いい緊張は能力を2倍にする
原出版社 / 文響社
作者 / 樺澤紫苑
譯者 / 魏秀容
企劃選書 / 何宜珍、劉枚瑛
責任編輯 / 劉枚瑛

版權 / 黃淑敏、邱珮芸、吳亭儀
行銷業務 / 黃崇華、賴晏汝、周佑潔、張媖茜
總編輯 / 何宜珍
總經理 / 彭之琬
事業群總經理 / 黃淑貞
發行人 / 何飛鵬
法律顧問 / 元禾法律事務所 王子文律師
出版 / 商周出版
台北市104中山區民生東路二段141號9樓
電話：(02) 2500-7008　傳眞：(02) 2500-7759
E-mail：bwp.service@cite.com.tw
Blog：http://bwp25007008.pixnet.net./blog
發行 / 台北市104中山區民生東路二段141號2樓
書虫客服專線：(02)2500-7718、(02) 2500-7719
服務時間：週一至週五上午09:30-12:00；下午13:30-17:00
24小時傳眞專線：(02) 2500-1990；(02) 2500-1991
劃撥帳號：19863813　戶名：書虫股份有限公司
讀者服務信箱：service@readingclub.com.tw
城邦讀書花園：www.cite.com.tw
香港發行所 / 城邦(香港)出版集團有限公司
香港灣仔駱克道193號超商業中心1樓
電話：(852) 25086231傳眞：(852) 25789337
馬新發行所 / 城邦(馬新)出版集團【Cité (M) Sdn. Bhd】
41, Jalan Radin Anum, Bandar Baru Sri Petaling,
57000 Kuala Lumpur, Malaysia.
電話：(603)90578822　傳眞：(603)90576622
E-mail：cite@cite.com.my

美術設計 / COPY
印刷 / 卡樂彩色製版有限公司
經銷商 / 聯合發行股份有限公司　電話：(02)2917-8022　傳眞：(02)2911-0053

2020年（民109）10月6日初版
定價380元　Printed in Taiwan
ISBN 978-986-477-906-2　　城邦讀書花園 www.cite.com.tw

國家圖書館出版品預行編目

適度緊張能力倍出：「緊張」不是阻力，而是助力！善用恰到好處的緊張，從此人生超常發揮 / 樺澤紫苑著；魏秀容譯. -- 初版. -- 臺北市：商周出版：家庭傳媒城邦分公司發行, 民109.10
320面；14.8×21公分. -- (beautiful life；73) 譯自：いい緊張は能力を2倍にする
ISBN 978-986-477-906-2(平裝)　1. 緊張　2. 情緒管理　176.54　109012016

商周出版

廣　告　回　函
北區郵政管理登記證
台北廣字第000791號
郵資已付，免貼郵票

104台北市民生東路二段 141 號 B1

英屬蓋曼群島商家庭傳媒股份有限公司

城邦分公司

請沿虛線對摺，謝謝！

商周出版

書號： BB7073　**書名：** 適度緊張能力倍出　**編碼：**

請於此處用膠水黏貼

商周出版

讀者回函卡

謝謝您購買我們出版的書籍！請費心填寫此回函卡，我們將不定期寄上城邦集團最新的出版訊息。

姓名：＿＿＿＿＿＿＿＿＿＿＿＿＿＿＿＿ 性別：☐男 ☐女

生日：西元＿＿＿＿＿＿年＿＿＿＿＿＿月＿＿＿＿＿＿日

地址：＿＿＿＿＿＿＿＿＿＿＿＿＿＿＿＿＿＿＿＿＿＿

聯絡電話：＿＿＿＿＿＿＿＿＿＿ 傳真：＿＿＿＿＿＿＿＿＿＿

E-mail：＿＿＿＿＿＿＿＿＿＿＿＿＿＿＿＿＿＿＿＿＿＿

學歷：☐1.小學 ☐2.國中 ☐3.高中 ☐4.大專 ☐5.研究所以上

職業：☐1.學生 ☐2.軍公教 ☐3.服務 ☐4.金融 ☐5.製造 ☐6.資訊

☐7.傳播 ☐8.自由業 ☐9.農漁牧 ☐10.家管 ☐11.退休

☐12.其他＿＿＿＿＿＿＿＿＿＿＿＿＿＿＿＿＿＿

您從何種方式得知本書消息？

☐1.書店 ☐2.網路 ☐3.報紙 ☐4.雜誌 ☐5.廣播 ☐6.電視

☐7.親友推薦 ☐8.其他＿＿＿＿＿＿＿＿＿＿＿＿＿＿

您通常以何種方式購書？

☐1.書店 ☐2.網路 ☐3.傳真訂購 ☐4.郵局劃撥 ☐5.其他＿＿＿＿

您喜歡閱讀哪些類別的書籍？

☐1.財經商業 ☐2.自然科學 ☐3.歷史 ☐4.法律 ☐5.文學

☐6.休閒旅遊 ☐7.小說 ☐8.人物傳記 ☐9.生活、勵志 ☐10.其他

對我們的建議：＿＿＿＿＿＿＿＿＿＿＿＿＿＿＿＿＿＿＿＿

＿＿＿＿＿＿＿＿＿＿＿＿＿＿＿＿＿＿＿＿

＿＿＿＿＿＿＿＿＿＿＿＿＿＿＿＿＿＿＿＿

＿＿＿＿＿＿＿＿＿＿＿＿＿＿＿＿＿＿＿＿

＿＿＿＿＿＿＿＿＿＿＿＿＿＿＿＿＿＿＿＿

請於此處用膠水黏貼

Beautiful Life

Beautiful Life